新马路上

龚晶晶 主编

宁波出版社

《新马路上》编委会

顾　问　胡文斌
主　任　谢碧波　周少植
副主任　吴红波　朱　斌
策　划　葛玲玲　钟建新　方　文
主　编　龚晶晶
编　委　仇柏年　舒云亮　吴若琴
供　图　柏力中

序　言

再走一遍新马路

每一个城市都有自己的来龙去脉,每一条街巷都有独特的性格气质,每一座建筑都有一个值得细说的故事。

"一条新马路,百年宁波史。"想读懂宁波,就不能不读新马路。

新马路,老底子贯穿了大半个宁波江北岸,其历史最早可以追溯至1907年[1],据《鄞县通志》记载,于民国初年铺筑完成,长910米。最初为泥质碎石路,1931年改建成宁波历史上第一条水泥马路,因当时有条老马路(今草马路),与之对应,故名新马路。1982年至1986年间,新马路向西延伸,改为沥青水泥路,路长拓展至

---

[1] 据1907年5月6日《申报》,在"江北岸新马路地方开设大茂肥皂公司",故新马路路名最早应可追溯至1907年。

1637米,东南起人民路,西至槐树路,与大庆路十字相交。

民国时期,宁波的江北岸商贸鼎盛,宁波帮商人纷纷在江北岸码头附近置业。虽然甬商接触西方文化较早,但中国传统文化影响依旧根深蒂固,所以他们宅子的主体具有浓厚的江南传统民居特征,但在布局上参照了西方联排式住宅,因此颇具中西合璧的色彩,被称为"连体的江南民居"。此类建筑外门多选用石料作门框,故称"石库门"。

石库门,是近代宁波民居的主要建筑形式之一,也是新马路上最常见的建筑。至今新马路两侧还保留着"仁济医院旧址""浙东中学旧址""徐荣贵大宅"等众多历史建筑和文保单位,是名副其实的宁波历史文化街区。

当历史翻开新的一页,如今的新马路又换了新颜。经过拆迁改造和修复修缮,街区融入众多艺术元素,已建设有著名经济学家董辅礽旧居、甬曹铁路宁波车站纪念馆等文化项目,引进了一批在国内外具有广泛影响力的大师级人物。

岁月洗礼之下,一个集艺术文化分享和传播的集聚地就此诞生。

当古老的建筑与现代文明相遇,一场跨越时空的对话悄悄开启。

本书的编写,更像是一次对新马路文保建筑历史文化抢救式的挖掘,我们以新马路历史文保建筑群为切入点,通过史料收集和亲历者寻访,试图走近生活在这里的一个个鲜活个体的悲欢离合,捡拾遗落在此处的家族史、城市史、社会史。通过厘清新马路的文化积淀与发展肌理,看清甬江北岸近百年的流动与变迁。

在新马路,每一扇门里都有故事,每一座小楼都有传奇,这些故事与传奇,其实就是这座城市历史的烟云,散发着这座城市独有的气质。

在长达百年的时光里,这条马路上始终川流不息,如滚滚江水,随宁波城的历史奔涌向前。而新马路两边的建筑,就像是一本本"石上书",既铭刻着时代的宏大记忆,见证近现代中国历史的风云变化;也记录着一代又一代宁波人的烟火日常,折射出江北建区40周年以来的巨大变迁。

无论是大历史还是小历史,在这条马路上都有迹可循。

新马路,既是一本书,也是一个路标。它是时间上的路标,从宁波开埠至今,见证着宁波城市生长的每一步;它也是空间上的路标,沿着新马路,顺着三江水,每一个建筑,都曾在历史中留下深深浅浅的足迹。

它更是每一位游客来到宁波的路标。通过这个路标,我们走进那些失落的城市记忆,拼凑出一幅有关宁波,有关江北,景色壮丽的人文地图。在这里,走一步就踩到历史,回头望便能看见传奇。

跟着本书再走一遍新马路,可以让你了解这座城市如何迎接西来的风,拥抱时代的潮,知道这里曾见证宁波商帮的铮铮铁骨,仁济医院里的救死扶伤,浙东中学的琅琅书声,还有从宁波第一座火车站里传出的悠长汽笛。

可以说,新马路上的每一个建筑,背后都指向了一段城市历史,它们由点及面地串联起了宁波开埠后外滩的百年变迁。在这条马路上走过的,不仅有孙中山、董辅礽等大人物,更有许多在史书中被一笔带过,却为宁波之建设、中国之复兴作出过诸多努力的小人物,还有那些勤勤恳恳在新马路上续写新篇的人。

最后,希望远道而来的朋友,能跟随这本书,在宁波"荡"马路——穿弄堂、听故事、明心智。

也希望生活其间的人们能通过本书了解宁波、熟悉宁波、热爱宁波,因为只有认同这座城市的历史与文化,才能充满感情和爱意地生活其间,充满智慧与力量地建设未来!

胡文斌

2024年10月

(作者系中共宁波市江北区委常委、宣传部部长)

目 录

第一篇章 外滩风云起 1

仁济医院的使命 2

尘封百年的宁波保路运动 11

风雨『浙东』办学路 25

包宅里的风云秘事 33

石库门里锁春秋 45

第二篇章 似是故人来 51

走近东方经济学拓荒者——董辅礽 52

范宅里的往事一二三 65

两座小洋楼，一段家族史 73

顺记机器厂的变迁 80

新马路21号里的洋行往事 88

第三篇章 又见新马路 99

第一位新邻居 100

她们的百年 109

与故乡有关的书篆芳华 119

嫁衣,不止浪漫 128

不可居无竹 135

老街有梦,器物有灵 143

窗边有个手艺人 152

新马路上的『艺术方舟』 161

第四篇章 最是凡人歌 169

渐渐消失的江北岸五层楼 170

游走新马路 175

老墙门的夏天 180

故居情 187

树有暗香来 191

父亲的秘密藏在新马路 195

每个人心里都有一条新马路 207

第一篇章

外滩风云起

一条老街,
见证一座城的时代巨变。

仁济医院的使命

仁济医院旧址·新马路35号

1931年,对宁波江北岸的新马路来说,无疑是具有里程碑意义的。在这一年,新马路改建成为宁波第一条水泥路,然而,鲜少有人注意到,也是在这一年,一个在宁波医学发展史上占据重要地位的医院——仁济医院,正在新马路上建设得如火如荼。

01 / 初来乍到

1929年,宁波正暴发大规模的季节性传染病,死亡的阴影笼罩在各个角落,城内人心惶惶。新马路上鲜有人走动,家家户户门窗紧闭,唯有街边的35号,一座典型的民国时期三合院式传统二楼住宅,不时涌入很多人,这就是仁济医院最初的地址,当时正作为"时疫医院"投入使用。出资建设的是两位上海滩的风云人物——金廷荪和杜月笙。

从当时的新闻报道来看,医院规模不大,但却花重金聘请了医术高明的医生负责管理诊疗工作。为确保病患得到及时救治,医院还规定,病情严重的患者,可电话通知医院,由救护车进行接诊。此外,医院实行免费政策,挂号费、药费、膳食费等均不收取,对于赤贫者，还酌情送旅费车资。

疫病最严重的时候，患者不断，前门后院都支起临时病床，一个榻上挤睡着三四个人，换洗的衣物已经晾晒到了每一扇门窗上，白衣大褂的医护者一趟趟楼上楼下奔走不停，为患者送药、换药、安抚情绪。整个庭院充斥着药物的苦涩的味道，但十月的太阳依旧猛烈，它穿透云层，照耀着这片被病痛占据的土地，院墙上的凌霄花也开得正盛，大片的橘黄色遍布墙头，生机盎然。

在这里，对死亡的恐惧得以削弱。

秋天快结束的时候，疫情终于得到控制。按照惯例，待疫病肃清，医院也将关停歇业，但鉴于贫民就医的实际需求，医院决定继续开办。而这离不开出资人金廷荪和杜月笙的坚持。

金廷荪是宁波人。1897年，14岁的他孤身到上海闯荡，最先在八仙桥一鞋作坊当学徒，为人伶俐，尤善理财，后来入了黄公馆，成为当时上海青帮头目黄金荣的得力干将。比他晚一些入黄公馆的杜月笙，更是一个狠角色，他机灵诡诈，善用权术，混迹于黑白两道，巅峰时的威望一度超过了黄金荣。金、杜二人曾经私交甚好，发迹后一起转型做起慈善公益，经常援助工人，赈济各地水灾旱灾。

02 / 多事之秋

创办时疫医院的初衷，还要从金廷荪儿时目睹家乡连年遭受时

第一篇章 外滩风云起

仁济医院旧址外墙

现为姚国瑾书法工作室

后院的凌霄花

天　井

二　楼

疫之苦说起。

清末民初,宁波坊间流传过这样一句俚语:"一到农历七月半,疟疾痢疾又霍乱。"

农历七月半,夏秋之交,宁波这座东海之滨的城市,往往处于一年中最炎热的时期,同时这时候也是台风频发的季节。台风带来的高强度降雨引起地下水位上涨,将原本埋藏于地下的病毒和细菌带到了人们生活的区域,高温潮湿的环境,使得各种病菌活动频繁,迅速扩散,对于流行一时的疾病,人们统称为"时疫"。据史料记载,宁波每年均有不同程度的"时疫"发生,除了让人闻之色变的霍乱,还有天花、伤寒、脑膜炎、麻疹、疟疾等。

时疫席卷下,宁波城的惨象可从当年报纸的记录中窥得一二。据 1890 年 11 月 5 日的《申报》载:"宁波于夏末秋初,时疫盛行,患霍乱吐泻者居多,死者已属不少。近来十家九病,呻吟床褥,惨苦难言。药铺门首买药者不啻蜂屯蚁聚。其病似风瘟,然以风瘟治之,辄不效,或兼痢疟,亦不能以痢疟治之,甬上少名医,往往束手待毙……"

由于当时医疗技术尚不完善,治病良药尚未成熟,因此患病者死亡较多,棺木供不应求,苇席裹尸的情形屡见不鲜。1918 年 10 月间,《申报》记载道,浙省宁绍等地时疫,使得"一村之中十室九空,一家之中十人九死",以至"棺木石板所售一空,枕尸待装,不知其数"。

起初,人们还总寄托于神灵之力,不断建坛庙、念观音、贴门符,甚至聚众请人抬神像游街,希望以"敬神"的方式,求得神灵宽恕,避免瘟疫肆虐。其结果必然适得其反,人群大量聚集,病毒交叉感染,更加剧了疫情的扩散。

后来,随着中西方文化的交融和医学研究的深入,宁波开始重视通过中西医联合开展防治,越来越多的百姓也开始接受科学就医。进入 20 世纪,出现了大批临时性"时疫医院",其中不少是由经商致富的宁波帮人士出资建设。

金廷荪目睹疾病给家乡父老带来的无尽苦难,深感痛心。于是联系上杜月笙,希望能够联合他的力量,共同出资建设一所时疫医院。杜月笙闻讯后,也深感金廷荪的义举与家乡情怀,立刻表示愿

厢　房

厢房展陈

意大力相助。两人一拍即合,迅速投入到时疫医院的筹建工作中。正是从那一年起,江北岸开始有了针对治疗霍乱的专业场所,医院开业月余即接诊病人987人,打防疫针5300余人。

03 / 新　生

1930年,金廷荪等人又投资大洋10万元,购买了江北岸一处外国人的住宅,添设了数十间病房,将它作为院址。1932年6月16日,宁波仁济医院在新马路上正式落成,当天上午举行了开幕典礼。除院长杜月笙、金廷荪外,军政商学各界知名人士共有700余人参加典礼,分外隆重。

新马路焕然一新,仁济医院也有了全新面貌,1936年的《时事公报》曾有一篇《仁济医院概况》如此描述:"进大门,水泥的甬道像一匹白布摊着一长条。左边,西洋月季花红喷喷地伏在矮冬青树上,像许多美丽的姑娘凭楼看灯似的。右边也栽着好几样花,尤其那个草地,软绵绵毯子似的引得人们都坐下去。草地的右边,是荷花池,形式狭而长的,上面已稀稀地浮着新叶。"

除了环境舒适宜人,仁济医院的设备,在当时的宁波乃至浙江省都很齐全先进,设有小手术室、割症室(注:手术室)、电疗室、X光室,手术室附设预备室,并有蒸汽消毒机。当时宁波地区拥有X光仪器的只有三家医院,而仁济医院就是其中之一。

仁济医院落成后不久,宁波再次暴发疫情。据仁济医院、红十字会医师公会时疫医院、国医诊所、南郊时疫医院以及"鄞县县立时疫医院"统计，1932年从7月5日至9月20日，共收治霍乱病人10679例，其中治愈7790人、死亡2889人。那一年，仁济医院与华美、中心、天生医院被宁波城里的老百姓称为"四大金刚"。

遗憾的是，1940年，宁波沦陷前夕，仁济医院被迫迁至永康，暂避战火纷扰。1947年，浙东中学因校舍被毁，学生陷入颠沛流离的动荡中，金廷荪便将位于新马路的仁济医院旧址慷慨赠予校方，此后便一直为学校所用。

治病救人，教书育人。一方庭院，在不同的历史时刻，扮演着不同的角色，墙院里的砖瓦见证太多生命的凋零和顽强生长，教育和希望之花也在这里年年盛开……

作者◎张明月
生于1982年，儿科医生

细说建筑

仁济医院旧址位于江北区新马路35号，是一座典型的民国时期三合院式的传统二楼住宅。整个建筑由主楼、厢房及南边的偏房组成。其主体坐西朝东，北临新马路，面阔五开间，进深五间，檐廊弧形挂落装饰，山墙清水青砖，墀头彩绘仍依稀可见。

尘封百年的宁波保路运动

甬曹铁路宁波车站纪念馆·大庆南路与新马路交叉口

新马路上

在江北区大庆南路与新马路交叉口东南侧路口,新马路历史建筑群一角,有这样一幢青红相间的民国小洋房,据说是按照1912年宁波历史上第一座火车站——沪杭甬铁路宁波车站遗存下来的办公场所原样复建而成。眼前的小楼虽算不上文保建筑,却见证着古老的宁波从近代向现代迈出的重要一步——百年前,宁波历史上第一列火车,就是从这里,缓缓驶出。

翻开尘封的史料,一段鲜少被提及的爱国往事,仿佛也随着列车呼啸而来……

01 / 争夺路权

中国的铁路自诞生之日起,就注定与国权紧密相连。

19世纪末,清王朝风雨飘摇,此时的中国正处于社会新旧交替的转折点,西方列强的侵略战争挟裹着西方现代文明,打破了清政府"天朝上国"的美梦。

铁路与火车作为西方现代文明的象征和标志,也在这一时期进入了中国人的视野。

尤其是甲午战争之后,清政府为解决赔款问题大量向外借债,而列强在提供对华贷款的同时,还采用直接或间接的手段,大规模夺取在华铁路修筑权。路权之争随之上升到力争国权的地步,几代爱国者为此前仆后继。

很少有人知道,在宁波,也曾发生过一场可歌可泣的保路运动。甚至还早于四川保路运动。

在宁波建造铁路,最早是由江苏候补知县陈佩璋于1897年提出。此时,唐胥等好几条铁路已相继建成。无论是洋务派还是维新派,抑或本国绅商,都开始意识到,铁路延伸之处即经济利益之所在。

当公函转到宁波后,宁波知府自然是大力支持,不但将上级批示转发鄞县、慈溪、镇海三县遵照,还要求各县派差护送陈佩璋所聘洋人查勘道路,以防当地百姓"借端阻扰,造言生事"。[1]

然而,就在陈佩璋等提出兴办宁绍铁路的第二年,始终对中国铁路虎视眈眈的英国,便派出使节向清政府请准,由清政府铁路总公司督办大臣盛宣怀与代表中英银公司的英商怡和洋行订立《苏杭甬铁路草约》(以下简称《草约》),英商获得在中国包括苏杭甬铁路在内的5条铁路承建权。

但《草约》签订以后,英商却迟迟没有动工,仅在1898年12月,派了一位工程师来了趟宁波,此后便没了下文。

---

[1] 仇柏年著:《外滩烟云:西风东渐下的宁波缩影》,宁波出版社2017年版,第130页。

♥ 新马路上

20世纪30年代初的江北火车站

中国人想自建却不能,英国人一占就是整整7年。

1907年7月,上海,一场轰轰烈烈的江浙争路权的爱国运动正式拉开帷幕。24日下午,旅沪浙绅一百六十余人在上海斜桥洋务局召开大会,汤寿潜、张元济、严信厚、朱葆三、虞洽卿等人,代表浙江省11府申请成立浙江铁路公司。提出自办全浙铁路、废除《苏杭甬铁路草约》。

起初,此举得到了清政府的大力支持,不仅批准了浙路公司的成立,还责成盛宣怀与英方磋商,撤废草约。

可面对态度强势不肯废约的英商,清政府又很快软弱无能地举起了白旗。以"成约难废","以昭大信而全邦交"为由,出台了一个苏杭甬铁路修筑所谓"折中"的方案:"只准浙绅搭股,但必须以英国资本为主,决定向英国借款150万英镑,年利5厘,以路权作押。"[1]

02 / 爱国浪潮

自办铁路竟变为"借款修筑"。消息传回宁波,立即激起宁波人强烈的爱国热情。拒款保路运动迅速展开。

10月5日,宁波教育界召开教育会常会,讨论拒款事件。当天下午,第一次拒款会正式召开,来自法政、鄞高、崇正、育德、毓才、西

---

[1] 乐承耀著:《宁波近代史纲(1840—1919)》,宁波出版社1999年版,第245页。

成等17个学校共千余名学生齐聚师范学堂。会上学生群情激昂,发言踊跃,井然有序地做了组织分工。

为扩大影响,两天后,宁波师范及一些中学师生共97人,又乘坐湖广轮前往定海,参加定海商、学两界发起的拒款公会。

10月9日,宁波各界召开第二次拒款大会。商人、学生、士绅400多人齐集于商务总会,临时会长吴葭君宣布开会宗旨,然后议论拒款和筹款的具体办法,筹款归商界,拒款归学界,"凡事有专属,责无旁贷"[1]。

反帝爱国的火苗,迅速燎原,宁波各界纷纷行动起来,踊跃认股,用集股、抽股、认股等办法进行保路斗争。宁波府女学堂认股5000元,余姚邵氏合族公认10万元,镇海方培认300元,个人认股的有:鄞县叶佐金认股100股,宁波蔡启昌认股100股。在外地的宁波帮也纷纷到家乡认股,慈溪人周金箴认股700万元……[2]

当时的《申报》和《盛京时报》还曾报道过一个极为悲壮的故事:宁海人邬纲为此进行绝食,抗议清政府接受英国借款、出卖主权,呕血而死。他在绝命书中写道:"外部逼我贷款,吾知国贼志在冒利,必曰无可转圜,款成而路去,浙江片土,为国贼断送。恨激无所泄,病日加剧……此身将与浙路同尽,呜呼! 吾身即死,吾心不

---

[1] 宓汝成著:《中国近代铁路史资料(1863—1911)》第二册,中华书局1963年版,第674页。

[2] 乐承耀著:《宁波近代史纲(1840—1919)》,宁波出版社1999年版,第245-246页。

甬曹铁路宁波车站纪念馆远景

甬曹铁路宁波车站纪念馆近景

死,吾愿吾浙人勉为其后,倘此路得有挽回,则鄙人虽死而无憾,呜呼已矣,诸君努力!九月十五日,宁海邬纲绝笔。"[1]

虽然后世对此事真伪存在争议,但也足可见,宁波人反帝爱国意志之坚。

03 / 选址开建

宁波拒款保路运动声势浩大,遍及城乡,引起全国震动。散居在各地的宁波人都酝酿采取行动,给予支持。在上海的宁波帮致电声援,绅商争相集资支持,在沪宁波职工纷纷表示,清政府如果不接受拒款的建议,则"全体罢工"。两江总督端方在给朝廷的报告中写道:"苏浙路事起后,两省人心嚣然不靖……上海宁波帮人最多,工商劳役皆有,向称强悍,屡有路事决裂全体罢工之谣,尤属堪虞。"[2]

1908年3月11日,《申报》以"宁波学界仍争路权"为题报道了宁波学界致邮部、外部,致江督、浙抚,致日本留学界、杭州拒款会以及上海各报馆的电文。其内容有:"人民只知自款自造,借款二字无论直接、间接均不承认","路局变,人心去,此后举动不可

---

[1] 浙江省辛亥革命史研究会、浙江省图书馆编:《辛亥革命浙江史料选辑》,浙江人民出版社1981年版,第231页。

[2] 浙江省辛亥革命史研究会、浙江省图书馆编:《辛亥革命浙江史料选辑》,浙江人民出版社1981年版,第231—232页。

思议","民路民办,不认国有,无论签押与否,仍速集股分投赶造",等等。

风云激荡中,沪杭甬铁路终于开工兴建。可对于宁波火车站的选址,旅沪商绅与家乡耆老却产生极大分歧。据当年往来信函可知:以周晋镳、严义彬、朱佩珍等为代表的沪方,认为江北有四利,江南四不便。担心车站若设在江南,地狭土松、费巨工倍、水道不便、驳运不利,主张将火车站设在江北岸。而以陆廷黻、陈星庚、张美翊为代表的甬方,认为沪方理由不成立,主张将火车站设在江南盐仓门外建船厂位置。甬方担心车站若设在江北,不但要受洋人制约,更虑"吾浙人出数百万血本而为洋人代兴码头,从此城内日索,洋埠日盛"[1],认为车站设在江北是为人作嫁。后经汤寿潜、刘锦藻协调,沪甬意见始归一致。火车站最终建在江北岸傅家道头。[2]

铁路何时开始建设,说法不一。浙海关税务司柯必达记载,杭甬铁路于1908年开始匆匆建桥铺路,1910年因财力耗尽,导致工程停顿。但《鄞县通志》记载:杭甬铁路曹娥至宁波段,于宣统二年(1910)6月15日填土动工。

---

[1] 《宁波文史资料》第十五辑,陈善颐供稿,《有关清末宁波火车设站来往信函四则》。
[2] 仇柏年著:《外滩烟云:西风东渐下的宁波缩影》,宁波出版社2017年版,第132—133页。

04 / 车轮滚滚向前

经过两年多的建设,1912年12月22日,杭甬铁路宁波至慈溪(今慈城)段通车。当天,就是从如今江北公园的位置,开出了宁波第一列火车——一列两节车厢的客车,并在宁波火车站举行了盛大的庆典。

当年《申报》如是刊载宁波铁路之发端——宁波首列火车发车之盛况,跃然纸上。

自江北何家弄至车站,旗帜晃萍,军乐喧哗,观者如潮。庆典会场高搭彩棚,交通部浙都督各司及浙江旅沪学会均派代表莅会。宁波旅沪诸公乘轮来赴,男女来宾不下2000……11时20分,首开客车1列(两节车厢),12时至庄桥,12时33分抵洪塘,慈溪音乐会全部在车站欢迎。13时列车返回江北岸,沿途鸣炮,实为千载一时之盛。[1]

铁轨一米米铺向前方,慈溪(今慈城)段通车后,1914年6月,甬曹段全线通车。

谁能想到,在当时如此艰难的情况下,他们居然只用了短短三年半的时间,就建成这条长达78公里的铁路,更让人惊讶的是,这条铁路的资金、技术和人力,极大部分竟都是由宁波人自己承担。

透过这一年英国驻宁波副领事皮尔逊所写的宁波贸易报告,我

---

[1] 改编自1912年12月25日《申报》报道。

甬曹铁路宁波车站纪念馆航拍

们还能知晓当年的不少细节，比如：铁轨由衡阳炼铁厂和美国提供；一个新的火车头是由德国建造的。火车车厢和主体的附件是比利时产的；曹娥江上的桥梁建筑合同已与上海一家德国公司签订，预期这项工作能在1915年2月完工。

再比如"这条铁路上碎石铺得很好，但枕木铺得不够格，有的地方铺得不够仔细。总的来说，桥梁及地下水道的铺设工作还是做得很好。炼钢水平可以说已相当不错了"。

据史料记载，当时的宁波火车站为客货运站，有站屋、候车室8间，建筑面积467平方米，旅客站台3座，共长891米，另有货物仓库、货物雨棚、码头、抽水机房、煤栈、蓄水池、水井和水塔各1座，工作人员23名。虽然和今天的现代化铁路枢纽不能相比，但也算是功能齐备。

甬曹段全线通车后,老火车站至外滩一段,成了宁波最热闹的地段,因交通而兴起的旅馆、饭店、酒楼星罗棋布,著名的有东亚旅社、堇江春酒楼等,还盖起了兰江剧院和邮政局大楼。繁华程度丝毫不亚于宁波市中心东门口,再加上外滩沿岸码头林立,周边领馆众多,整个地段一时蔚为繁华。

05 / 后　来

1916年夏天,这条开创了宁波历史的铁路,也迎来了它在宁波历史上的又一高光时刻。

8月22日11时,这个火车站迎来了与铁路最为亲密的世纪伟人——民主革命先行者孙中山先生。他在辛亥革命胜利后不久,出任中国铁路总公司总理。他说:"今日之世界,非铁道无以立国。"铁路,这一近代资本主义工业文明的总结和最显著的指标,艰难地进入了急于改革的中国。

孙先生此行是从上海出发,经杭州乘小火轮到绍兴,然后乘船渡过曹娥江,再乘火车抵达宁波的。甬曹铁路宁波火车站是孙中山访甬的第一站。所以当他出现时,火车站里早已挤满了恭候多时的宁波各界人士,他们争先恐后地围拢上去,以期一睹伟人的风采。

当天下午,孙中山先生在浙江省立第四中学(今宁波中学)宁波各界欢迎会上发表演说。他说:"宁波人之实业,非不发达,然其发达者,多在外埠,鄙见以发达实业,在内地应更为重要。试观外人,其商业发展于外者,无不先谋发展于母地。盖根本坚固而后枝叶自茂也……"

掌声雷动,久久不息,人们惊叹于孙中山先生对宁波的见解。当时宁波人的实业在外地,尤其在上海已十分深厚,但在本土却不见强大,交通不便正是一大因素。宁波地处滨海,位于交通末端。如今好不容易有了一条铁路,但这条铁路并没有实现真正的沪杭甬三地贯通。而是被两条大江分成三截,无法连成一体。

甬曹段全线通车后,宁波至杭州的铁路受曹娥江大桥和钱塘江大桥这两个咽喉工程进度影响,仍有一大半并未建成。

1934年8月8日,在无数人的期盼中,钱塘江大桥终是动工兴建,为确保全线贯通,曹娥江大桥也于1936年继续建造,计划1937年6月底以前完成。

历史的车轮滚滚向前,故事的走向却是急转直下。就在宁波人民信心满满地期待"民国二十六年(1937)双十节即可展至杭州,与沪杭段衔接通行",火车可由宁波直达上海之时,"七七"卢沟桥事变,全面抗日战争爆发了!为阻止日寇东进,宁波人不得不把历经千辛万苦夺回路权建起来的铁路,忍痛亲手拆毁!

民国二十七年(1938)2月1日,3架日本轰炸机向宁波站投下了14枚重磅炸弹,宁波站的房舍和月台由此悉数被毁,全站仅有一幢小洋房得以侥幸保全。

直到新中国成立前,这段留在地图上的铁路始终是一条虚线。

新中国成立后,重建的铁路宁波站再也没有回到这里,曾开辟了一个时代的老火车站,也在纷乱的战火中黯然退场,只余这一幢青红相间的小洋房,静默在新马路历史建筑群的一隅,诉说这些尘封的故事,仿佛还在等待下一列火车的光临。

作者◎龚晶晶

生于1990年,非虚构作家

细说建筑

甬曹铁路宁波车站纪念馆位于江北区大庆南路与新马路交叉路口,为一幢按原样复建的民国特色五开间两层砖瓦房。1914年,宁波历史上第一个火车站建成,就坐落于当时的姚江北岸,宁波人熟知的"车站路",名称就来源于当时的甬曹铁路宁波车站。

风雨"浙东"办学路

浙东中学旧址·新马路136号

❤ 新马路上

新马路136号,是"宁波市江北中心学校"所在。

可是这所学校却有一个与名称不大匹配的门楼,约莫三层楼高的罗马立柱装点起门面,拱券式大门的顶部还设有一处钟楼,门庭上面留着一行斑驳了的"宁波第四中学"字样,原来,这里也是宁波四中的前身——浙东中学的旧址。这个门楼里究竟藏有怎样的故事,还要从100多年前说起……

01 / 浙江第一所新式学堂

资料显示,浙东中学是基督教会在宁波城创办的私立中学。抗战时期校毁。学校曾借永丰路圣模小学和槐树路崇信小学作校舍,后由工商业者金廷荪低价出让新马路仁济医院和应彭年慨赠震荫堂为校舍,于1947年迁入今址。新中国成立后改名为宁波四中。

但事实上,这所学校的建立要比想象中曲折。

1844年,宁波正式开埠成为五口通商口岸之一,各国商人、外交官、传教士等蜂拥而至。1845年7月26日,美北长老会传教士在宁波创立了浙江省第一所新式学校,取名为"崇信义塾"。

浙东中学旧址航拍

宁波差会命祎理哲为首任校监,麦嘉缔为协理。

从今天的眼光来看,这所学校的理念仍颇具前瞻性。

崇信义塾为寄宿制学校,专门招收家境贫寒的男生,并免费向他们提供学习之外的膳宿、衣服和医疗保障。开设的课程除圣经、"四书""五经"外,还有算术、英语、天文、地理、唱歌等,教学方法、配套设施等模仿欧美制度。义塾将每天的课程排得很满,还会在夜间、周末安排英文课程的学习。

1850年,崇信义塾首届8名学生毕业,有4名被长老会办在江北岸的"华花圣经书房"印刷所招用,成为宁波近代第一批排版、校对、印刷工人。鄞县三桥鲍哲才、鲍哲华兄弟等毕业生,随长老会传教士范约翰到上海传教,1868年创立清心堂。

1867年,崇信义塾迁往杭州,改名为育英书院,后来发展为之江大学,即现在浙江大学的前身之一。

1881年,美北长老会又在宁波崇信义塾旧址上续办崇信书院。

1912年,崇信书院改名为崇信中学。

1923年,崇信中学与浸会中学合并,改称四明中学,由美籍人士梅立德任首任校长,时学生近300人。

1935年,四明中学又与斐迪中学合并,定名为浙东中学。

02 / 流亡办学之路

就在各种学校不断汇流,成为浙东中学的同时,宁波城也迎来了时代的巨变。

1925年"五卅惨案"发生,反帝斗争席卷全国,宁波的爱国青年学生纷纷走上街头,进行抗议,从教会学校退学的学生日益增加。1935年,寿子鲲先生被推选为浙东中学首任校长,他承"四明""斐迪"之志,提出了"诚朴爱"校训——"以诚立校,以朴培德,以爱育人",短短几字,既是浙东中学多年秉持的教学态度,亦是寿子鲲先生一生的写照。

彼时战火还未烧及宁波城,浙东中学紧锣密鼓地筹备起开学事宜,据传在办学第一年开设了8个班级,学生人数近400人,教学秩序井然,在宁波的私立中学中小有名气。

1937年,《浙东》曾印行过办学两周年纪念特刊,寿子鲲先生洋

第一篇章 外滩风云起

浙东中学旧址

斑驳的"宁波市第四中学"字样

洋洒洒地写下记文：

双丸如驶，时节如流，相此浙东宁馨，忽又二周岁矣！在此二年当中，本校由四明斐迪而熔为一炉，由筚路蓝缕，而进成规模粗具。以言乎学生，竟达至四百余人。以言乎校舍，曾有大礼堂之建筑完竣。回忆去年毕业生参加会考，成绩竟获全数及格。此次本校选派学生参加中教研究会举行英文演讲及作文比赛，亦均获优胜以归。凡此种种，固未始不为本校之光荣，亦未始非由本校同人之努力，与社会之维护有以致之。然吾人岂敢以此自满，亦何敢以此自慰。际此国难当头，万事棘手之际，本校既负教育责任，亦惟有着眼社会，确定方针，训导青年，适应需要，战战惕励，益加奋勉而已……

其言铮铮，发自肺腑。管理一所学校并非易事，更何况在眼下这般捉襟见肘时分，幸好师生们团结一致，拧成一股绳。随着日寇的步步紧逼，宁波沦陷。既要保存住学校，又得确保师生的生命安全，寿子鲲校长做下了举办抗日流亡学校的决定——将学校搬离城市，迁至宁波周边的农村。

全校师生携着学校的卷宗、图书仪器、课桌椅等行走在转移途中，时不时还会遇见流弹侵扰，一路迁徙尤为艰苦。据记载，他们先后在奉化浦口王村和诸暨牌头祭祀村、唐仁村，通过租借多处祠堂、庙宇和民宅、粮仓为临时校舍，进行办学。

"惟希继今以往，浙东同人，群策群力，淬砺锋芒，以求发扬而光

钟　楼

大之。且使全国教育硕彦,亦能观过知仁。对于浙东本身,得有真正明确之认识,而获得抛砖引玉之益,则尤厚幸矣!"正如寿子鲲先生那篇记文余下的发言中所讲一般,浙东师生们群策群力,挺过了这场严峻的考验。

03 / 永驻新马路

1945年8月,抗战胜利的喜讯传来,寿子鲲校长却因流亡办学积劳成疾,离开了人世。彼时,浙东中学虽然回到了江北岸,但是没有校舍又该如何办学?

1947年初,浙东中学校友会周大烈、何体刚、金臻庠、骆璜和周厚斋诸君拜会金廷荪先生,商谈"浙东"校舍事宜;未承想,金先生竟将其位于新马路上占地一公顷多的仁济医院旧址的全部房地产相赠。浙东中学至此有了主要的办学场地,金先生的大义与无私,浙东中学全体铭记在心,在校园建成后,他们将其中一栋楼以"廷荪堂"命名,作以永久纪念。

紧接着社会人士应彭年也慷慨解囊,将自己出资购得的教堂震荫堂捐给学校作为礼堂。随后校董会又陆续购置一批分布在学校周围的民房、宅基和空地。那一年春天,永丰路的高中部、槐树路的初中部(临时办学)一道迁入新址,一所初具规模的中学校园在江北新马路上矗立起来。在外漂泊10余载的浙东中学,终于结束了辗转办学的历程,至此,新马路上车来人往中多了份书卷香气,浙东中学的百年芳华在宁波的第一条水泥马路上得以延续。

作者◎陈礼文

生于1972年,公务员

细说建筑

浙东中学旧址位于新马路136号。为欧式石库门,门楼大门呈拱券形,上置钟楼,类似城墙式,砖混结构,西式风格。面宽20余米,三层楼。底层门庭并列着高大仿古罗马科林斯石柱,庄重雄伟,每根刻有直凹纹,门柱下石鼓都刻有细腻的花纹,顶托为莲花状。

包宅里的风云秘事

包宅·新马路36弄9号

新马路上

新马路36弄9号包宅,临街而立,却有一种被遗忘的沉寂。

这座建于20世纪30年代的老宅,墙垣早已被岁月染上灰黑色的斑驳,高高矗起的烟道长满了野草,几棵枝叶长青的老树,枝杈已横出墙外,茂密的树冠为巷子布下阴凉。路过的行人对这样一座老宅,只是偶尔投去好奇的目光,然后匆匆离去,没有留下更多的探寻。

可它也曾风光过,兴建之初,还是当时江北岸瞩目的焦点。

那时的新马路几乎日日在叮咣凿石声中醒来。鄞江桥盛产的"梅园石""小溪石"源源不断地堆积在还满是沙砾的院子里,木匠、泥工、粉刷匠、石刻工挤满了长巷。不知哪一天,依旧是尘土漫天飞扬,但包宅的轮廓已经若隐若现。四周墙垣围起后,沿墙种上一些当地的乡土树种杨树、樟树。后来又从上海运来不少西方建材,洋松地板、五色玻璃、百叶窗等,直到一扇黑漆厚木的大门俨然合上,敲上一副铜环,包宅正式落成。

如今细看眼前的包宅,无论是建筑式样、用材用料,还是内部装饰,都堪称民国初年中西结合的建筑经典。

想来兴建这样一所宅院,需要相当雄厚的财力,其主人包时埔究竟是个怎样的人物?

第一篇章　外滩风云起

01 / 商海浮沉

清末民初,三江汇流的宁波被迫成为中国最早开放的贸易口岸之一,不少甬商从江北岸启程,北上京沪,南下香港,闯四海,捕商机,近代中国商业版图上,宁波人的足迹遍布大江南北。

商海浮沉,包时塘也是万千竹筏中的一叶。

包时塘年少时住在庄市,与包玉刚同族。由于父母早逝,生活非常艰苦,13岁那年,他毅然走出家乡,投奔北方大连的亲友,在杂货铺当学徒。很快,这位甬城来的少年郎,显现出不错的经商天赋,短短几年,就当上账房先生,随后又敏锐地捕捉到商机,独立做起煤油生意。

据中国社会科学院经济研究所研究显示:煤油进入中国始自1863年,当年输入量为2100加仑(美制加仑,1加仑等于3.7854升),专供租界照明。在这之前,国人夜间大多使用"菜油灯盏",一两根灯芯,用的是菜油或豆油等植物油,灯火如豆,而且伴随着较大的烟气。煤油刚进入中国市场时,美孚油公司还免费赠送或低价出售带玻璃罩的小油灯,它可以调节灯芯、掌控亮度,从而控制用油量,而且可以平放、手提、高挂,油价还便宜。于是,这种油灯很快得到老百姓的认可与接受,煤油在中国销路大开。1886年进口规模为0.23亿加仑,1893年达到1亿加仑,煤油逐步普及所有通商口岸和城市,并进入中国内地的城市和农村,为中国社会各阶层所接受,成为生产生活的必需品。

　　随着1900年美商美孚油公司在宁波设立支公司,宁波进入了"煤油时代",包时墉也回到了家乡发展。

　　辗转火车、渡轮,一路往南,包时墉的返乡之旅已近尾声。落日西沉,汽笛长鸣,熟悉的甬江水泛着金光,跃入包时墉的眼中。当年离乡时,江北岸还隐没在各种洋行、教堂、戏院兴建间飞扬起来的迷蒙的烟尘中,如今,这里已处处是兴旺之景,一如稚气未脱的少年,经年沉淀后也有了笃定和沉稳。

　　与包时墉所在的商船同期抵达的还有一艘名为"美南"的货船,那是美孚油公司专门运载煤油的油船。上岸后,这些煤油将被运输到江北白沙路老马路口,那里有一个大型美孚油池栈,面积20多亩,内有油池、仓库等,煤油导入油池中储存,之后还可以通过铁路油罐车将煤油转运至其他城市。

　　当时,在宁波销售煤油的主要有美孚、亚细亚、德士古、光华四家公司。煤油市场风云变幻,有人黯然退场,有人崭露头角,角逐不断,包时墉凭借诚信之道和敏锐的商业头脑,很快就在宁波的煤油产业中有了一席之地,产业甚至扩展到上海各地。1936年,他又做了一个大胆的决策,包家事业可以说由此得到飞速发展。

　　转机往往都是在绝境中出现。

　　美孚作为第一家进入宁波煤油市场的美国石油公司,在宁波的经理几经更迭和变动。据宁波市政协文史资料显示:1911年,美孚油在宁波改为三家经理,一是灵桥门"老源记"丁忠茂,二是濠河头"美利"傅振元,三是江北岸"永生祥"茅庆佑。后因业务上矛盾,各不相让,至1922年便合并为一家,取名为"源利祥"(即从三家各取一字连成),到1935年,该行也因内部矛盾而停业。

一时间,很多人都盯上美孚油代理这块肥肉,却又担心难以掌控,无利可图。而包时塘再三思量后,决定接过这烫手的山芋,在江厦街开设"恒孚行",并在余姚设恒孚分行,美孚油的经销之路很快又风生水起,包家由此蒸蒸日上。

那个时候,多数成功的甬商无论身在何处,都习惯在家乡置办一套洋房,且尤爱选址江北岸,处于事业巅峰期的包时塘也决定在新马路上修建一座宅子,并根据当时上海工部局的房屋图纸建造。

包宅不光外形考究,内置的设备也很实用。室内地板全部由3厘米厚的美国洋松铺成,经年不变形,楼上走动的声响楼下丝毫听不见,隔音效果很好。供水设备有房顶水渠和防火水渠。房子屋顶的储水渠收集雨水,通过压力将水压到一楼,用于抽水马桶,可以说是"四水归堂、肥水不外流"。北面地上有口井,如果好几个月没雨水的时候,就通过这口井打水将水压到楼上去。那会儿还没有接上自来水,就通过这两种方式用水。

会客厅还有壁炉,但不同于西式烧木材,用的是煤球炉。因为冬天防风会把窗户全关闭,烟无法排出,所以需要烟囱进行排烟。楼房两侧便各造了三条烟囱状的烟道,非常醒目,是包宅一道特殊的风景。

除卧室外,还设有男女浴室、荤素厨房、琴房和锅炉房,而且上

包宅外墙

伸出围墙外的树

下、前后主房内都备有洗手台、浴缸和抽水马桶等卫生设备。餐厅内备有当年流行的高级餐桌、餐具和冰箱等。如今看来,也是奢华齐全。

由于包时墉大部分事业都在上海,包宅建好后他很少回来住,加起来不过住了两年多,包家在宁波的生意以及包宅一切事务皆由儿子包起祚管理。

没过多久,煤油产业迎来了一段特殊的黄金时期。

1937年,抗日战争全面爆发,上海、杭州相继沦陷,内地与上海的交通受阻。当时宁波尚在国民党政府统治之下,且上海的租界还存在,沪甬线轮船仍可以通航。于是,宁波便成了内地各省与上海联系的中转口岸。特别是1939年至1941年宁波沦陷前这一时间,粤汉、浙赣、湘桂铁路沿线直到四川内地的客商及某些单位采购人员,纷纷聚集在宁波采购汽油、机油、柴油等,需求量很大,宁波几家油公司经理业务骤增,除了本地正常的供应,还要满足客帮组织大量货物转销到外地。

那段时间,包宅宾客盈门,生意往来众多,院落更比往日热闹红火。甬江水依旧浩浩汤汤,载着煤油流向各地,又带回财富。但战争云谲波诡,宁波城内也有了不平静的气息。

02 / 神秘来客

1940年,南方小年前夕,寒风刺骨。

新马路上

入夜,白日里熙攘喧嚣的江北岸陷入一种相对的平静。不知什么时候,新马路与大庆路交界处的路口,出现一辆黑色汽车,车身满是厚重的灰尘。从车上下来的三五人,神色凝重地走进了包宅。

几日前,有传闻说蒋介石的儿子蒋经国回到溪口,祭奠生母。潜伏奉化的日本间谍听到风声后,立即密报特务机关,企图重演1939年12月12日的轰炸计划——那是一个寻常的上午,6架日军轰炸机出现在奉化溪口镇上空,顷刻间,一排排房屋被炸毁震倒,火光蔓延整条武岭街,有如地狱之门大开。太多百姓来不及逃跑,甚至连悲号声也很快被淹没在废墟之下。

事后人们发现,轰炸主要集中在蒋家宅院,而蒋介石的原配夫人毛福梅当时就在家中,不幸遇难。

很显然,那是一场蓄谋已久的偷袭,是日军逼迫蒋介石早日投降的赤裸威胁。

不到几个小时,正在江西赣州担任专员的蒋经国,通过短波电台接到噩耗,立刻星夜兼程赶往溪口。汽车连开20小时,穿越赣、浙两省的山区小路,遇到桥遭烧毁的情况,还得涉水而过,700公里,奔袭不停,在毛夫人遇害次日赶到家门。因时局特殊,当下只能操办临时葬礼。蒋经国将满腔悲愤化作四个大字——"以血洗血",并将其刻在一米高的石碑上,立在毛夫人遇害的地方。今天我们还能在溪口看到这块石碑。

时下狼烟四起,蒋经国身负重任,无法因丁忧长期留在家乡,没过几日便赶回赣州。直到毛夫人死难"满七"(注:死后七七四十九天为满七)之日,蒋经国又驰归祭祀。为防敌军下一步动作,这一次,蒋氏一家由宁波名医钟一桂先生介绍,暂避宁波江北岸新马路包宅。这里地段僻静,又是外国人聚居地,算得上隐蔽安全。随行的还有蒋经国的妻子蒋方良、弟弟蒋纬国及其家人。

蒋家和包家本无交集,加之蒋经国身份特殊,突然的到访,着实令包起祚和夫人紧张了一整天。开门迎接时,寒风趁隙灌入,好在壁炉里的火早些时候一直烧着,众人一进屋内,寒意瞬间退去。

包宅外边,高高矗起的三排烟囱分外显眼,过了很久,随着最后几缕灰烟消失在黑夜里,奔波数日的蒋经国等人终于歇下。我们无从得知当晚他们聊了什么,但从之后的相处来看,他们应该交谈融洽。在那个年代,几乎每一个国人都经历过失去至亲、家园被毁的切肤之痛,所以,即便是倾盖之交,那种爱国血性必然会唤起共情。

蒋方良由于几乎不参与蒋经国的任何政务,寓居的日子里,常与包夫人结伴同行。那几天,鼓楼的红帮裁缝店常出现一位身形高挑的洋人,那就是蒋方良,她是白俄罗斯人,原名叫芬娜·伊芭提娃·瓦哈瑞娃。为了让自己能融入中国,蒋方良学习各种中国习俗,时常练习中文和宁波话,日常穿搭上也总选择中国的旗袍。两位夫人还经常到青年会看电影,一起带孩子去中山公园散步拍照。春节将至,由于蒋经国有许多要务亟须处理,便提前了回赣州的日程。不过也正因如此,才躲过一场大劫。日军以为蒋经国必在家乡过春节,于正月初二出动大批飞机,在溪口猛烈轰炸,当天又有许多无辜百姓丧命火海,据说那是溪口被炸得最严重的一次。

新马路上

包宅全景

分别那天,新马路上各门各户多数已挂起大红灯笼,春联也已换新,抗战岁月里,人们仍然希望过一个温馨安宁的新年。包起祚站在门口看着蒋家的汽车逐渐远去,尘土飞扬,一如来时。那天的他不会想到,自己很快也会携家眷离开身后这座生活多年的宅院。

1941年4月,宁波沦陷。日本宪兵四处掠夺摧残,本地工商业遭受极大打击,包家在江厦街的煤油公司也被封闭占用。危机四伏,包起祚不得不举家到姜山乡下避难,而包宅也被日寇用作电话通信站,屋内不少设施遭到破坏。

直到1945年抗日战争胜利后,包氏一家先住在紫金巷,几经辗转,最后又搬回了新马路的包宅。第二年,几大油公司相继复业,宁波"美、亚、德、光"四经理也跟着恢复营业。战后,国民党政府货币政策不稳,导致通货膨胀、货币贬值和外汇管制紧缩,限制了美孚、亚细亚、德士古三公司货物出口,销售量逐年减少。1948年下半年至1949年上半年,煤油供应降至最低限度,包家自此逐渐淡出煤油产业。

从1900年美孚油公司进驻宁波至1949年宁波解放,煤油在宁波倾销整整50年,可以说是帝国主义经济侵略中国的一个缩影。而在新马路上,如包家一般,家族兴衰荣辱与煤油产业紧密相连的故事还有很多。

新马路12号的范宅,其原主人范逊禅和友人一起经营煤油生意,累积了不少财富。英商亚细亚油公司第一任经理张溶水,也靠此发迹,他的儿子张天锡在新马路1号建造了一幢五层楼洋房,名曰"春晖草堂",显赫一时,就在前些年被拆除,只有老一辈的宁波人还留存印象。

新中国成立后,包宅也一次次见证历史的变迁。1950年前后,包宅第一次有部队入住,后来部队人员去抗美援朝才搬出此地。1956年前后,私房社会主义改造,包宅的一大部分变成了经租房,另外一小部分还是由包家全家继续居住。1958年前后,包宅的公房部分还开过电机仪表厂,1962年成为甬江人民公社办事处。后来中国人民解放军6412部队卫生院入住,也有部队家属居住在这里。2005年左右,部队卫生院在一楼,房管处在二楼。2009年,随着房屋的拆迁,包家搬出了包宅。

听说包宅原来的院落比现在看到的要大上不少,包括现在加油站的位置也是其庭院的一部分。站在高高的院墙之外,试想那偌大的院子里,曾经必定生机无限,春有满庭花草,夏有凉风绿荫,秋有瓜果飘香,冬有银霜满地。而今草木犹在,人去楼空,那些平凡温馨的生活景象、巷口秘闻也一去不返,随风隐入厚厚的石墙中。

作者◎徐 来

生于1999年,新媒体编辑

细说建筑

包宅位于新马路36弄9号。主体建筑面阔五开间,前后共2进,前进3层,后进2层,共占地约3亩。屋面为洋瓦,梁架采用近代西式木架,二层有前廊,水泥柱上端有回纹装饰。外墙立面上饰有正方形、长方形、圆形及回纹等几何图案,还开有多扇西式窗,门窗框为进口柳桉硬木,合页是生铜制的。顶上的玻璃有四五厘米厚,中间有铅丝加固,也叫铅丝玻璃。

石库门里锁春秋

新马路 100 号　新马路 36 弄 13 号　新马路 19 号

01 / 石库门啊石库门

王安忆在《长恨歌》里说起石库门:"那种石库门弄堂是上海弄堂里最有权势之气的一种,它们带有一些深宅大院的遗传,有一副官邸的脸面,它们将森严壁垒全做在一扇门和一堵墙上。"

提及石库门,人们常联想到上海弄堂的岁月痕迹。然而,在宁波的江北新马路上,同样有着一处历史底蕴丰厚的石库门建筑群。

街道两旁,飞扬的绿荫下,中西合璧的建筑院落纵横排列,白墙黑瓦、墀头彩绘,高屋敞院里尽是东方古典韵味,半圆拱券、玫瑰山花、砖石堆砌间依稀可见西方文艺气息。作为典型中西合璧的"宁波近代民居",石库门早已成为宁波独特的城市风貌。江北岸一带也曾流传过一首民谣:"皇家库门有来头,石头库门百姓楼。苍苍白发老宁波,哪个不曾楼上走。"

如今走在新马路上,仿佛置身于时间的脉络里,每一步都有历史的回音。等待巷口吹来的风,拂落几许旧时烟云,我们似乎能看到石库门初现时的模样……

1844 年,随着宁波开埠,江北岸"商船番舶,乘潮出没"的盛况愈加频繁,宁波商人不断从这里起航,走出了严信厚、包玉刚、邵逸夫等工商业巨子,宁波帮日益鼎盛,一时间,大家纷纷在江北岸置业起屋。

02 / 神秘的老宅

百余年来,宁波帮纵横商海,书写一个个商业传奇,江北新马路上,也次第落成一座座石库门建筑。

相比于"仁济医院旧址""浙东中学旧址""徐荣贵大宅",这些和许多大人物有关联的历史建筑,那些在历史上语焉不详,充满神秘感的院落,更令我着迷。这里曾经住着谁?有着怎样的故事?一切好像都已被遗忘在时代浪潮里,唯有建筑的外貌如初。

新马路100号的民宅,是受欧陆风影响的重要实例。它的平面呈"L"形,主体建筑坐西朝东。石框大门朝南面向新马路,门头装饰自上而下分为三段,中式望柱、科林斯柱头、涡卷纹牛腿,砖雕极尽豪华、精巧。主楼面阔三开间,素面月梁,方形柱础,雀替雕刻精细,明间檐柱几何形架面。主楼、厢房及北面的偏房组成院落,墀头残留彩绘,围墙、山墙开窗,主楼两面山墙尖拱通气窗,窗檐采用叠涩砖挑出。

新马路36弄13号的"王垂华私宅",是一座精致的小洋房,主楼面阔三开间,共二层。其正立面外形较特殊,明间为平面,次间为外凸六边形的一半,明间二层有外廊,廊用水泥栏杆围护。屋面采

玫瑰山花的门楣装饰

用近代西式木构架,由水泥洋瓦覆盖,地面为水泥磨石子,外墙上有长方形图案装饰。私宅主人王垂华,是宁波正大火柴厂高级职员。

江北新马路 19 号的"吴宅",民国时期建筑,由一组三合院及偏屋组成。大门门框青条石砌筑,两侧上端雕刻花草、杂宝图案。主体建筑坐北朝南,以大门为中轴,三间两弄二厢的楼房两边对称,两部楼梯一个设在檐廊西面,另一个设在梢间,外檐柱上的牛腿支托檐枋,雀替雕刻精美。吴宅的西墙立面表现手法别具一格,具有较高的建筑艺术价值。

即便这些宅院主人的故事都被一笔带过,有的甚至连名字都没有留下。但行于新马路,透过这些建筑,仿佛还能感受到他们生活于此的痕迹,每一扇门的背后都有一段宁波人勇立潮头的奋斗岁月。

第一篇章 外滩风云起

新马路历史文化街区

新马路36弄13号"王垂华私宅"

新马路19号"吴宅"

他们的身影总是出现在熙攘的码头和宁波城内繁忙的街巷之中,也许最后并没有成为宁波帮声名显赫的巨头,但都在宁波城市的发展中留下深深浅浅的印记,宛如一簇簇浪花,以自己独有的姿态,融入宁波帮发展大潮中,推动宁波这座古老又年轻的城市滚滚向前。

石库门建筑群不仅是新马路变迁的见证,也是宁波帮发展的缩影,更是一座城的记忆与灵魂。

作者◎李云亭

生于1989年,上海人,现居宁波,中学老师

第二篇章

似是故人来

门楣之下,
暗藏多少商帮旧事。

走近东方经济学拓荒者 —— 董辅礽

赵宅·新马路 23 号

第二篇章　似是故人来

芳菲四月，正是宁波春景最盛之时。2001年4月17日，新马路23号，等来了74岁的董辅礽和他的学生陈东升。二人并未进屋，只是站在外墙一角，目光落在底部的界碑上，碑上刻有"赵姓己墙"四字，董辅礽由此确认这就是他儿时生活过的外婆家。

董老先生问学西东数十载，待重返故居时，竟过了六十多年。2021年，新马路23号的赵宅旧居以"董辅礽先生故居博物馆"挂牌立世。走进赵宅，我们看到的是董辅礽严肃的一生，求真的一生。

这座砖木结构的民宅，修建于民国时期，占地面积285平方米，建筑面积435平方米，共两进两层，入口朝北且紧邻新马路，外立面保持着最初的样子，经历岁月洗礼转化为满墙的黑白和斑驳。石质框架铁皮大门和两边涡卷纹牛腿装饰极具民国时期的建筑风格。

01 / 有趣的大师

站在赵宅门口，透过镂空的圆洞形屏风，能看到正中倚墙处的一座雕像：董辅礽先生独坐竹丛一侧，略略俯首前倾，双目凝神于翻开的书本上，神貌栩栩，至真至切，好像穿过屏风，就能去往那个遥

董辅礽雕像

赵宅正厅

远的午后,董老会合上书本,箭步上前,同你从今天的天气聊到当下的经济生活。

行事雷厉风行的董辅礽时常给人以冷峻的印象,但他从来不是一位冷冰冰的严肃学者。他对生活的观察足够细致,所以也足够热忱,毕竟,这是一个会将街边小吃带上学术大会的教授。

董辅礽曾多次在成都开研讨会,休息时就爱坐"耙耳朵"车去逛春熙路,真实体验当地人的生活,尝遍成都的名小吃,绿豆糕、龙抄手、担担面……美食不光满足味蕾,还牵动着董辅礽的思考,他总是拉着老板和身旁的顾客唠上几句,对小吃的价格和市场销路很快就了然于心。第二天,就结合亲身了解到的成都小吃市场状况,在学术大会上发表了主题演讲。

在学生的回忆里,董老也有浪漫一刻:面对漫山遍野的油菜花,他会让司机停下来,邀请同学们蹲在花丛中照相;面对光秃秃的火山口,他会带领大家爬到山顶,欣赏那几千年前被岩浆侵蚀过的大地美景；面对危险的湿地，他会第一个跳上去，去感受那温柔的陷阱带来的刺激。

02 / 求学之路

往里走，来到第一栋三开间的正厅，回顾董辅礽一生的视频正循环播放，右转是生平介绍，讲述董辅礽早年、中年和晚年的故事，还陈列着亲人的照片以及他的肖像油画。

1927年7月26日，董辅礽出生在这里，并在此度过一段童年时光。他的祖父是镇海县（今宁波市镇海区）万家桥人。父亲董浚敏曾在上海求学，毕业后做过英文秘书、中学教师，后来就职于宁波人虞洽卿开办的三北轮船公司。他的母亲是宁波城里的一位大小姐，从小受过良好的教育。11岁那年，因时局不稳，董辅礽随家人一起开始了逃难生活，先逃到四川宜宾，后来在重庆安顿下来。1946年入武汉大学法学院经济系。那是他研究经济学的起点。

1946年，武汉大学从四川乐山回迁武昌珞珈山。

即便因战火屡经迁址，这片大师云集的学术圣地，依然保持着思想的激荡，永不枯竭。珞珈山麓、东湖水畔，武大新篇徐徐铺展，董辅礽的经济学研究之路也在这里开篇落笔。

他师从著名经济学家、武汉大学哈佛三剑客之一、时任系主任的张培刚教授，成为张先生留美归来后所教的首批学生之一。除了经济学的相关课程，董辅礽还常去其他系"蹭课"，在世界通史、中国通史、欧美文学等课的教室里，总能看到他专注热忱的身影。所以当他的考试成绩列法学院三个系的第一名，并成为当时唯一获得法学院四明银行奖学金的学生时，身边人并不意外。

大学四年，董辅礽已对市场经济有了系统而全面的认知，为今后的严谨治学打下坚实根基。让他再次扩大学术视野的，是1953年赴苏联莫斯科国立经济学院的深造之旅。4年留学生涯，董辅礽常独来独往。他从不参与学院里常年举办的热闹舞会，也不曾去令人心神放松的酒吧。若是有人找他，去学生宿舍，总不会跑空。推门而入，十有八九能看到彩色玻璃花窗下，一个孜孜不倦埋首研读的背影。偶尔在教学楼的僻静一角，也能看到他安静看书、写文章，或是和导师讨论学术问题。

1957年，董辅礽顺利获得副博士学位，也有了继续攻读博士学位的机会。

而当时国内正处于急需人才的建设时期，董辅礽坚决响应祖国召唤，于同年回国，后历任武汉大学讲师，中国科学院经济研究所副所长、所长、研究员，中国科学院研究生院副院长，中国科学院经济研究所名誉所长，同时为北京大学、武汉大学和中国社会科学院教授、博士生导师，又先后当选第七届全国人大常委会委员、财经委员会副主委，第八届全国人大常委会委员、财经委员会副主委，第九届全国政协委员、经济委员会副主任。

第二篇章　似是故人来

旧居二楼还原了董辅礽的书房

03 / 求真的力量

走上二楼,第一个空间还原了董辅礽在北京家中的书房场景。

留学回国 30 多年,董辅礽一直住在北京三里河附近并不宽敞的房子里,生活简朴,可谓身居斗室,心怀天下。那时,他一直坚持步行去月坛北小街的经济所上班。

寒冬里,北京三里河常常结着一层薄冰,沿路的银杏树叶片凋零,仅余寥寥。早起的老北京人,遛鸟的、晨练的、赶早市的,都穿起了军大衣或是厚棉袄,有的还戴上一顶毛线帽。在胡同口早点摊升腾的热气里,时常走出来这么一个人,只穿着一套单薄的西服西裤,步履如风,不打一点哆嗦。这人便是董辅礽。

二楼沙龙空间

学生的手写信

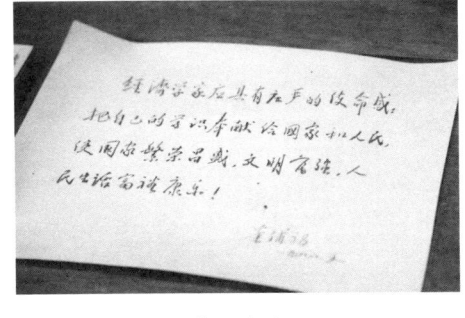

学生留言

在周围人的印象里，他常年只穿件衬衣和单裤，戴着一副金属框眼镜，拎着公文包，健步如飞。冬天来了，只是在衬衣外加一件夹克或西服，他还戏称自己是用"冷空气浴"强身健体。

另外两个开间用于举办论坛和沙龙活动。半空中悬挂着一张张学生手写的卡片，写满对董老的思念之情。正中的墙面是一个"点滴之恩"的主题装置，一来表达师恩难忘，二来也借此暗喻董辅礽扩散开来的思想和影响力。

初入中国科学院经济研究所工作时，董辅礽将留苏学位论文中的前半部分整理成《苏联国民收入动态分析》专著,正式出版,这是他第一本公开发表的经济学著作,投湖之石,涟漪不断。

诚如马歇尔所说,经济学理论可以"为人类整鞍备马,将之送上文明的坦途"。在漫长的学术征途中,董辅礽深入研究社会主义再生产、国民收入和国民经济平衡问题,凭着敢为天下先的胆识和魄力,为经济学界解放思想做了大量的理论工作。所有人都知道他勤奋,工作以来,从未在晚上12点前睡过觉,而且坚持早起,在飞机上就算只有一小时航程,也写文章。

哪怕是在"文革"时期,被迫停笔缄口,董辅礽一刻也没有停止对经济理论的研究,1976年后,在中国科学院经济研究所的民主选举会上,董辅礽被选为业务行政领导小组组长,肩负起领导的重任。

那个时候,改革刚刚萌芽,人们的思想和政治观念仍较保守,但董辅礽已迫不及待为经济学界的解放思想振臂高呼。

1978年9月,社科院召开哲学社会科学规划会,董辅礽受邀作报告。他站在历史的舞台上,开创性地提出了改革国家所有制、实现政企分开,改革人民公社所有制、实现政社分开的"两个分开"观点。刹那间,会场一片寂静。因为当时党的十一届三中全会还没有召开,生产资料社会主义所有制问题尚是一个理论禁区。这番石破天惊的言论只是在众人心中掀起惊涛骇浪。

而让更多人真正认识、了解董辅礽的,是不久后武汉大学的一场学术讲座。

长达 4 小时的演讲中，董辅礽深刻剖析了经济体制改革的精髓。这是他首次在国内全面、系统、深入地阐述经济体制改革的核心是政企分开，政企分开的核心是改革国有经济，改革国有经济的核心是改革国有企业。这一颇具颠覆性的观点，无疑是对所有制结构的直接挑战，在场的人无不感到新奇和震撼，当然，质疑的声音也接踵而至。

很多人指责他过于冒进，一些专业学者和业内人士也劝他审慎行事，避免引发不必要的争议。在争论的旋涡中，董辅礽有自己的坚持，他说："对经济学家来说，要有能够提出不同意见的勇气，不是唯唯诺诺，人家喜欢听什么你就说什么，这是一种不负责的态度。"

通往真理的路并不好走，它崎岖而漫长，所以坚守才那么宝贵。多年后，董辅礽理论的正确性得到了验证：1983 年 10 月，党中央、国务院发出《关于实行政社分开，建立乡政府的通知》；1984 年 10 月，公布《中共中央关于经济体制改革的决定》，明确提出政企分开、简政放权。

通过走廊到另一进院落，在这个狭长的连通的三开间里，简洁而有力量的红色展板叙述着董辅礽在理论贡献、立法实践和个人品质三个方面的成就；红色是整个空间的主调，突显着他早年在武大求学时就已找到并接受了的马克思主义。

下楼来到学术思想的展厅，董老的著作一一摆放。整体展架采用了西方建筑经典结构形式的拱券，体现着董辅礽融汇中西的学术精神。

第二篇章　似是故人来

拱形展架

"星星之火"教育贡献主题展厅

61

另一侧是教育贡献主题展厅,主题为"星星之火"。自1987年至2004年,先生在武大、北大、中国社科院相继带出共64位博士研究生。开馆前,董辅礽经济科学发展基金会的工作人员协助征集了弟子们所珍存的大量纪念物品,主要是与先生的合影、先生的题词与手稿或书信便笺等。经精心选择和统一装帧后,连同学生们手写的感恩卡片,分别装入四四方方的玻璃盒中,满满一屋,闪着光亮、通透、纯粹,与董老一丝不苟的治学精神遥相呼应。

星火,可以燎原,也让寒夜不再孤单。他们如此怀念恩师——
"求学,求知,求真理;爱人,爱己,爱天下。"
"师德高洁　师恩浩荡——董老师与我们永在。"
"恩师指路,人生豁然开朗。"
"常忆先生薄衣信步寒冬夜,多慈爱,入梦来。"
……

04 / 一生所求守身为大

当年报考武汉大学,董辅礽面对的作文试题是《守身为大说》,冥冥中,像是对他未来人生的一种预示。时隔半个多世纪,董辅礽再次提笔写下《守身为大》时,他的经济学生涯已然走过风雨,抵达辉煌。

在《守身为大》中,董辅礽特别强调"保身"与"守身"之间的区别。他认为,"保身"仅仅是避免与世俗同流合污,但这远远不够。

因为保身的人，在面临压力和诱惑时，可能会选择丢弃原则，背弃真理。而"守身"则不同，它意味着无论环境如何变化，无论面对多大的诱惑和压力，都能坚守自己的道德底线，保持高尚的节操。

而写完这篇文章之后3个月，2004年7月30日，董辅礽因患癌症医治无效，在美国杜克大学医疗中心离世。这篇凝聚了他一生理想和追求的文章成了他的封笔之作。

2003年10月，董辅礽被确诊为直肠癌晚期，可他依然乐观顽强，去美国治病前，离开医院最后一次回到家，他四处端详，留恋地说："多么温馨的家啊！"赴美就医期间，他积极配合医生治疗，勇敢参加临床试验，他对中国的医生说，"我到美国治病，是想抓住难得的机会，不仅把病治好，而且想把美国的新医疗方法介绍到国内，供国内参考，让中国的医生有所借鉴。"

在生命最后的时日里，他始终放不下中国经济改革发展的前路，还有自己的学生，他总是念叨着"这可怎么办呀？还有这么多的学生"。临终前几天，他还在卧榻上，通过电话和网络指导学生写论文。

有人曾这样评价董辅礽的一生："他是一个不平凡的经济学家，又是一个平凡的老人；他和所有同龄人一样，经历了中国社会半个多世纪的风风雨雨、坎坎坷坷。然而，他用自己已经走过的七十载人生历程，为他的祖国的经济学研究和实践踩下了一条开拓的小路，尽管这条路上有泥土、沙石，有汗滴、血痕，但它毕竟是一条通向成功的路。"

时代远去,一代经济学大师留下的贡献和风范,永远留在人们心中,而那些数不清的追思和怀念,一点点构建成现在的赵宅。

作者◎吴若琴

生于1999年,新媒体编辑

#细说建筑#

新马路23号赵宅,民国时期砖木结构建筑。主体建筑前后两进,坐西朝东,石质框架铁皮大门,两边涡卷纹牛腿装饰,门楣砖雕拼图,局部已毁。山墙饰观音兜,窗檐采用叠涩砖挑出,界碑书"赵姓己墙"。

范宅里的往事二三

范宅·新马路12号

新马路上

　　走在宁波新马路的悠长巷弄里，脚步不自觉放慢，行至街尾，忽然看到一处断壁墙垣，紧挨着的是一片栽满花草的旷地，一旁是范宅所在，我猜想，这里或许就是范宅曾经的花园。

　　范宅大概建于20世纪30年代，主楼有两层，每层都有中堂和左右厢房，当时范宅的门前面是花园。据说前些年曾失过火，宅邸被焚毁至仅剩四面断壁。眼前所见，是依据原来的布局和构造重新修缮的，所以看起来要比周围的老房子都年轻一些。

　　有传闻说范宅主人范逊禅是范钦后人，天一生水，翰墨流芳，甬城的书香大半来源于范钦所创的天一阁。可以确定的是，范逊禅作为纵横商海的生意人，在业界声誉不错，史料中仍可见他与挚友的往事二三。虽然诸多细节已无从考证，可每每行至范宅，发生在这个老宅里的故事，却好似旧电影一样涌入我的脑海。

01 / 亦师亦友

　　那应该是春日里寻常的一天，微风不燥，范宅院落中的君子兰已是红花灼灼。

第二篇章　似是故人来

范家家主范逊禅正在书房教儿子写毛笔字。儿子年满 10 岁，正处于对各种事物好奇的年纪，早就听闻父亲有一绝活——一手打算盘，一手写毛笔字，故心中充满好奇，趁着这个难得的机会，想看父亲露一手。范逊禅面带笑意，让儿子出一道算术题，儿子沉思时，他便拿起毛笔，蘸满浓墨，题目一出，左手快速拨动算珠，右手挥毫书写，很快给出了答案，右案的宣纸上，也留下苍劲有力的"把酒"二字，儿子惊叹，问父亲是什么时候学会这样的技艺。

范逊禅提笔补上"祝东风"三字，在儿子的追问中，想起多年前的一个深夜。上海南京路上，一家钱庄里，他点上煤油灯，伏案核查当日账目。为快速完成工作，他一手熟练地拨动着算盘，一手则飞快地记录，写下的字清秀规整。这一幕恰好被老师朱旭昌看到，他走上前去，轻轻拍了拍范逊禅的肩膀，称赞道："真是后生可畏啊！逊禅，你这左右开弓的能力很不错。"

那一年，范逊禅 20 岁出头，跟着老师朱旭昌先生到上海，最初追随着宁波帮开山鼻祖严信厚先生，做钱庄生意。范逊禅有着年轻人的朝气和豪爽，做事干练，而且勤奋努力，老师朱旭昌非常器重他，总是倾囊相授，教他如何与各色人物打交道，如何观察市场动向。

上海滩的金融市场风雨浮沉，范逊禅也几番深陷危机。最严重的一次莫过于 1910 年夏天，那场由橡胶股票风潮带来的冲击。那时，上海钱庄接连歇业倒闭，范逊禅的钱庄也岌岌可危，好在有朱旭昌先生如定海神针一般，他才没有方寸大乱，二人冷静面对局势，抓

范宅航拍远景

准破局之机,最终以较少的损失度过了金融危机。范逊禅也不辜负恩师,后来在上海的生意越做越大,还持有多家大公司的股份。

不久后,范逊禅和老师朱旭昌回到宁波发展,合伙做起煤油生意,开设"振华洋行"(一说"锦华行"),朱旭昌先生是大股东,朱先生的儿子朱名堂和范逊禅都持有公司股份。

19世纪初,煤油在宁波有很好的市场发展,同时竞争压力也很大。在宁波销售煤油的主要有美孚、亚细亚、德士古及光华四家,其中,美孚与亚细亚实力相当,它们在宁波的组织与布局也大体相同,所以竞争十分激烈。范逊禅和朱旭昌先生拿到的是英商亚细亚火油公司的代理,但一开始全面负责公司业务的都是英国人,华人的话语权微乎其微,所以他们既要在外部开展激烈竞争,也要在内部

范宅航拍近景

范宅二楼一角

斡旋。在师徒二人的携手经营下生意日渐兴隆,累积了不少财富,分别在新马路和附近的扬善路上建起宅邸。

在新建起来的范宅书房里,他们或许会聊起那段风尘仆仆闯荡上海滩的往事,之后,他们可能也在这儿,分析商业局势,共谋对策,交谈至深夜。

从寂寂无闻到在商界崭露头角,对范逊禅来说,朱旭昌先生既是良师,也是推心置腹的益友。范逊禅常怀感恩之心,总是和他人说没有朱家就没有范家。

后来,朱旭昌又常常往来上海,师徒二人见面甚少,上一次见面,说不定也是这般初春时节,二人在庭院里把酒畅谈。战火岁月,再见不知道是何年何月。

东风穿堂而来,西式木窗被轻轻推开,发出的声响打破了范逊禅的思绪。他上前将木窗掩上,刚好看到钟一棠从西厢房走出。

02 / 草药香袭来

1942年前后,新马路上不少大宅院都被日军侵占,新马路36弄9号的包宅被日军征用为通信站,范宅对面的老宅,也成了日军的宪兵司令部。而范宅却幸运地躲过了这些遭遇,一家人安然住了好几年。在此期间,宁波名医钟一棠先生便租住在范宅。

范逊禅早年在上海,先结识了钟一棠的二哥钟一桂,因为是同乡,二人在风云际会的上海滩互帮互助,关系日益紧密,于是结为义亲,钟一棠也跟着称呼范逊禅为大哥。

钟氏兄弟二人出生在中医世家,祖上的"益寿堂"为宁波的百年老字号,于清道光十六年(1836)在宁波市郊梅墟乡钟家村开设,是当时镇上唯一的药铺。然而,随着国内外战火的蔓延和社会动乱的加剧,"益寿堂"频遭盗贼和地痞的侵扰,生意日渐萧条。1926年8月,"益寿堂"被迫歇业,但钟家医术并未失传。

钟一棠从上海中医专门学校毕业后,也开始了自己的行医生

范宅现为陈振濂书学馆

涯,在庄桥的"滋心斋"坐诊。眼看事业稍有起色,战火又波及到了宁波,他只好投奔在上海开诊所的二哥钟一桂,帮其抄写药方,直到1942年春节后回到宁波。这一次,钟一棠没有去庄桥坐诊,而是悬壶于钟一桂早年开在江北中马路的"永勤德堂"药店,为了方便工作,全家都租住在范宅。

那时候,范宅内除了花香四溢,应该也弥漫阵阵中草药的清香。

一个从商,一个行医,不同行业的二人,却也志趣相投。让人不禁联想,某天钟一棠若没去坐诊,从西厢房出来后,是不是会约上范逊禅继续前一日未分出胜负的棋局,随着日头西斜,胜负明了,两人从商场谈到医学,从国家大事聊到家长里短,依旧兴致不减。

由于工作变动,钟一棠很快也搬出了范宅,唯有草药香淡淡留痕。岁月无常,乱世中能逢知己二三,足矣。

作者◎陈　懋

生于1997年,银行职员

细说建筑

新马路12号范宅,由大门、主楼、后偏房、前后两进的石库门式近代建筑组成。该建筑整体坐北朝南,大门向西,为水泥磨石子式石库门,上面有正方形、长方形、菱形等几何装饰图案。主楼面阔三间,高二层,小青瓦硬山顶,梁架为近代西式木构架,山墙为泥水砖墙,开有多扇西式木窗,由木梯通顶。

两座小洋楼，一段家族史

王宅·新马路28号　李宅·新马路18号

新马路上

青砖灰瓦，飞檐翘角，窗沿波纹雕刻。顺着新马路向东走，在鄞慈镇路口对面，静卧着一栋被时光雕琢的老宅，在林立的高厦间，它的存在仿佛是时间的低语，缓缓讲述着一个世纪的风雨变迁。一旁的文保牌上标注着"新马路28号近代建筑"……

这栋中西合璧式洋房坐北朝南，正房三开间带两厢房，上下两层，建筑面积达400余平方米。抬眼望及，每一块石板，每一扇窗棂，都在诉说着往昔数不尽的繁华与沧桑。

01 / 家的温度

新马路28号，建于民国初年。最初的房主人姓王，上海籍人氏，所以这幢宅子一直被称为"王宅"。

1935年，"王宅"迎来了新主人——李屺堂。这位从杭州来宁波工作的银行家，以一万大洋的价格从王家人手中买下了这栋宅子，作为儿子李家驹的婚房。经人计算，民国时期的一万大洋，换算成现在的人民币，价值在300万元到500万元。碰巧那年是宁波金融业颇为动荡的一年，美国的白银政策对中国经济、金融破坏极大。七八月份，城区内大量钱庄倒闭。身为金融人的李屺堂拥有雄厚财力的同时，也对市场有着相当强的敏锐度，眼见市面上货币动荡，便想着通过花钱置办固定资产来减少损失。

也许，那个时期新马路上豪华精致的洋房是一众投资者眼中的香饽饽，看房的人络绎不绝。而李屺堂出手果决，一举拿下象征着荣耀和财力的"王宅"，这也看出了那时候宁波金融人坚决有魄力的处事风格。

李屺堂少时在杭州的钱庄做学徒，由于工作表现出色，20岁时便从杭州中国银行调至宁波中国银行工作，24岁时任营业系长，后来又升为宁波中国银行副经理，属银行的高级职员。购私宅后的1936年，李屺堂辞去了宁波中国银行副经理之职，就任于俞佐宸任经理的垦业银行宁波分行，担任副经理，开启了他在金融界

王宅外墙

王宅门框装饰　　　　　　　　王宅二楼一角

的新篇章。

"王宅"业主李家驹是李屺堂独子，1920年出生于杭州，6岁便来到宁波生活。他读书刻苦，希望有一天能成为像父亲一样优秀的银行家。目标坚定的他凭借着优异的学习成绩，考入了上海复旦大学会计系。毕业后，顺利进入金融界发光发热，兢兢业业，直至退休。

李家驹的婚事亦为这幢宅院增添了一份温情。在《城市记忆：白沙街巷故事》一书中，曾有这样的记载：尚在效实中学高二就读的李家驹，年仅十八岁，就已与同龄的邻居刘凤英小姐喜结连理。当时正值"七七事变"之后，李家担心战火迟早会烧到沪杭甬，兵荒马乱辗转逃难，谁也难料明天会怎么样，结成亲家彼此可有个照顾依靠。想来，这一决定，不仅出于对家族未来的考虑，也是对那个动荡时代的无奈应对。

果然，战火不日袭来，李家经历了从宁波到上海租界的逃亡，犹如浮萍，无根漂荡。战争的阴霾笼罩了新马路，"王宅"也在战争中被征用为宪兵司令部，遭到了严重损坏。

02 / 回　家

抗战胜利后,李家人毅然决然地选择回到新马路,回到曾经带给他们温暖的家。踩在熟悉又陌生的石板上,李家驹看着眼前的景象,默不作声,好似看到了父亲李屺堂端坐在院中,皱着眉头读着那日的报纸,母亲催促着吃饭,楼梯发出踢踢踏踏的声音。暖色和耳畔的笑语渐渐散去,满目疮痍愈发清晰,战火留下的焦褐沁入了石柱,好似一段灰暗的历史此刻在宁波留下印记,令人不住叹息。许是在灾难中出生的女儿牙牙学语"家？家？",拉回了一家老小的思绪。妻子刘凤英点点女儿的鼻子说:"嗯,是家,宁波的家。"李家人眼神愈发清明,步伐坚定,踏入宅中,开始了日复一日的修复工作,宅子渐渐恢复了旧貌,找回了曾经的温馨。李家驹与妻子也在宅中迎来了新生命,三世同堂,乐享天伦,家族的血脉在宅中延续。在那个百废待兴的年代,李家人的坚韧与努力,成了宁波人民不屈不挠精神的缩影。

03 / 老宅的新身份

1958年前后,随着社会主义改造的推进,"王宅"被收归国有。李家上下十几口人便租住于新马路18号,这座宅子就是后来的"李宅"。一两年后,他们举家正式搬至生宝路北的戴祠巷长住。尽管历经波折,但家族成员的心始终紧密相连。

李宅天井

李宅阳台

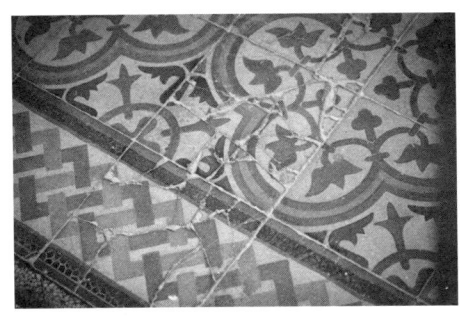

李宅室内地板

而"李宅"这幢三间一弄二层楼中西合璧式的小洋楼，因其结构完整，雕刻工艺精湛，具有一定的建筑特色，2003年被公布为市级文保点。据史料记载，该宅院同样经历了1958年社会主义改造。宅子自房管部门接管后被移作机关用房：从1960年至1988年整整28年里，它被用作宁波市第四幼儿园园舍。1988年下半年，第四幼儿园搬迁到西草马路新址，更名为"甬港幼儿园"，新马路18号原址于是成了江北区教委教研室。如今，"李宅"成了陈振濂书学馆的一部分，继续书写新的篇章。

"王宅"则被房管部门租给了上海工艺品塑料公司宁波分公司作为仓库。幸运的是，和"李宅"一样，"王宅"

未租借给私人居住,没有被搭建、分解甚至破坏,主体结构还保留着原来的大致样貌,保留着时代印记。后来经过修缮和保护,成为宁波历史文化的一部分,成为城市记忆的承载者。如今,它以"路劲新天地"招商中心的身份,继续在新时代中发挥作用,继续见证江北的发展,继续承载宁波人民的梦想。

岁序更替,华章日新。两座小洋楼依旧静静地矗立在新马路上,光影流动,和风诉说着新故事。

作者◎周丽颖

生于1998年,新媒体编辑

细说建筑

新马路28号王宅,坐北朝南,正房三开间带两厢房,上下两层,建筑面积400余平方米,宅子以青砖砌墙,以钢筋混凝土立柱,建于辛亥革命后、袁世凯称帝之前的民国初年。

新马路18号李宅,坐西朝东,现存建筑由主楼、南侧偏楼及平台组成,大门为西式磨石子石库门。主楼高两层,硬山顶,青砖实砌墙体,灰色洋瓦压顶。面阔三间一弄,弄置楼梯;屋架为西式近代木结构,泥满顶装饰;山墙顶上有三角形几何图案和卷涡纹。南侧偏楼高两层,三开间,屋顶为平台,四周置水泥栏杆。

顺记机器厂的变迁

徐宅·鄞慈镇路 17 号

01 / 徐宅旧事

港口,汽轮,带领着这座东海之滨的小城,日渐进入公众视野。勤恳能干、诚信机敏,则让从甬城出发,北上南下的创业先驱们,在近代民族工业改革的浪潮中,日夜兼程,乘风破浪。

今天,我们要走近的便是同近代甬城工业发展有着紧密联系的一处老宅——位于新马路与鄞慈镇路交叉处的17号徐宅。

这是一幢近代石库门式建筑,主楼面阔五开间,二层楼,俨然大户人家的模样。纵使年份已久,依然能够感受到落成时的精巧。单从外观来看,便可推断出这栋宅子的主人拥有雄厚的实力——徐宅的主人徐荣贵作为顺记机器厂的创始人,也算得上当时的甬上名流,但勤恳的他大半的时间都与家人们住在工厂,直到晚年才购入这处宅子。

沿着木制楼梯往上走,从天台向外望去,已是被一众高楼包围,倘若时光倒流回当年,周遭的城市建设还未兴起,远眺或许还能看到若隐若现的江面,按照今天的说法,也该算是江景住宅。

1947年,已是花甲之年的徐荣贵带着家人们,来到这处宅院,操劳半生终于有了一处属于个人的私产,看着门牌上崭新的"徐宅"字样,前半生的故事好像跑马灯一样浮现眼前。

02 / 机器轰鸣

徐荣贵,鄞县善卫乡大河沿村人,14 岁起便在江北岸王宝仓的德兴铜匠店里当学徒。那时,店铺不大,设备也只有手摇钻床、台虎钳和一些打铁的工具,主要负责洋锁、洋箱、阀门等一些小型五金设备的修理。徐荣贵虽是铺子里年龄最小的一名徒弟,可他的业务能力丝毫不输他人,面对师傅布置的任务更是兢兢业业,从未有过一丝马虎。

1900 年春,师傅病重,临终时把已经出师另有职业的徐荣贵叫来,交代他以徒代子,办理丧葬事宜;并把其毕生心血 —— 德兴铜匠店一并托付给了这个小徒弟。弱冠之年的徐荣贵,被委以重任,一爿店铺的生存发展之重担至此落在了肩上。

原本只是承接幕后的修理工作,之后却要有模有样地做起生意,需要面对的除了五金器械,还有形形色色的人与事。可无论如何他都想着要把这份差事办得漂亮,不辜负师傅所托。

为此,徐荣贵辞去了海龙轮的"老轨"[1]职务,这段轮船修理的工作经验,又为小店拓展了一条业务线 —— 大型机器的修理业务。

---

[1] 即机轮长,是全船机甲、动力设备的技术总负责人。

"开弓没有回头箭",那就索性将铺子再铺得大些!徐荣贵向亲友借来200元大洋,租下一台八尺车床,还招纳了五名小工,彼时的铜匠店已然具备了作坊的规模。

而后,秉持踏实苦干、精益求精的精神,凭借过硬的修理技术,这间铺子不出两年便在甬城受到一众好评,徐荣贵和帮工们"日夜兼程",几年后,铺子搬至江北车站路,并改名为顺记机器厂。此后,更是凭借过人的技艺扬名甬城,并得到了大量地方工厂和单位的信赖。和丰纱厂、永耀电力公司、通利源榨油厂、宁波冷藏公司、太丰面粉厂等甬上各大民族企业都将修理业务全权交由顺记机器厂负责。

随着中国近代轮船航运业不断发展,1916年后,轮船公司也开始在宁波兴起,外海水警局、三北轮埠公司、永宁轮船局、宝华轮船公司等五家公司旗下所属二十余艘机轮的修理保养业务也都由顺记机器厂一并承担,办厂两年内,顺记机器厂的业务规模空前。

毗邻的甬江日夜奔波,滔滔不绝。远方的船只停靠码头,一箱箱的货物堆叠在岸。来往的船工应接不暇,整座码头好像一刻未曾停歇。就像徐荣贵一路行来勤勤恳恳,步履不停。

03 / 鼓楼钟声

虽然事业如日中天,徐荣贵却很是节俭,他长期和家人居住在工厂里,既是便于管理,又是为了节省开支。然而对待员工,他却

新马路上

1934年，鼓楼上已筑起瞭望台

尤为大方。曾在顺记机器厂当过学徒的老先生们表示，那儿的待遇在当时的铁工厂里是最好的，学徒期内每月还发6角洋钱作为日常生活补贴。学徒和师傅们同桌吃饭，餐桌上少不了当季海鲜。

三年半的学徒期满后,每个月能拿6元工资,这在当时能买150斤大米呢!

1920年,徐荣贵又接到一个特殊的任务:为宁波鼓楼的钟楼,铸造一座铜钟。据海曙区文保部门的工作人员介绍,这座铜钟曾是用来报火警的警钟,虽然已不复使用,不过从铜面斑驳的痕迹上还能辨认出"甬江顺记厂承造"字样。

1924年,顺记机器厂加入"大中华民国机器公会",为天字号会员。享誉民间的同时,还造就了"上海恒昌祥,宁波顺记厂"的佳话。据厂里的老工人介绍,从顺记机器厂学成出师后,甚至能在上海轻松找到工作,"一般人去应聘都要通过面试,顺记的学徒却能直接入职,不多时又会提拔成技术骨干。"

1930年,宁海轮船局、顺记机器厂、胡发记造船厂等多家企业集资60000元,合伙创办"宁波轮坞公司",徐荣贵被任命为副经理,正式开展船舶修理业务。

04 / 时代风波

没多久,随着日本侵华的战火在浙东大地上蔓延,海运受到严重阻碍,甬江上往来的船只锐减,江北岸也变得尤为冷清,就连一向热闹的新马路,也是少有行人,家家户户大门紧闭。

顺记机器厂的业务大幅减少。虽然生意萧条,但此时却是国家最需要支援的时刻。1936年"西安事变"后,徐荣贵积极响应加强

◆ 新马路上

徐宅大门

徐宅航拍

国防工事的号召，顺记机器厂承包了炮台炮座和伪装网工程，就是将招宝山威远城炮台原先的炮座"藏"到地面之下，通过安装电动装置让炮座盖转动、升降；再对杭甬铁路线全部桥梁进行加固，以保障军车安全通行。

可惜，一波未平一波又起。宁波沦陷后，顺记机器厂被占，成了伪军修械所，还被强行掠夺大量机器设备，遭遇此番破坏后，工厂几近关门……徐荣贵至此心灰意冷，乱世之中，既然无法施展抱负，不如找个地方落叶归根，环顾彼时的宁波，新马路成了他最想去的归处。从居住多年的工厂搬出，徐荣贵和家人们在新马路上落了脚。而他心心念念的顺记机器厂也在宁波解放后，重获新生。

在新中国农村农业复兴计划中，由顺记机器厂设计制造的"新农式榨机"受到广泛好评，顺记因此接下大量订单。之后，为配合人民解放军解放沿海岛屿，顺记机器厂又承接了修理利宝轮和大小机帆船的业务。据后人介绍，当年解放舟山的时候，渡海的帆船也是顺记进行维修的。

1951年7月，私营的顺记机器厂被政府收购，成为宁波第一家公营铁工厂。同年，政府又收购泰康、中兴等机器厂，并以顺记为主组建了"宁波铁工厂"，主要生产纺织机和修理船舶机械。1953年，宁波铁工厂被列为浙江省直属企业。1957年，宁波铁工厂更名为国营宁波动力机厂。

几次合并更名之后，顺记机器厂的名号，似乎逐渐隐没在大众视线中。城市不断更新建设，曾经的作坊早已无处可寻；旧日的厂址也被新的商圈、写字楼所取代。只有徐宅，至今还屹立在新马路的一端，仿佛在冥冥之中替他的主人了却一桩心愿——看哪，你未竟之事业，终得圆满。

作者◎邱雨琪
生于2000年，新媒体编辑

细说建筑

徐荣贵大宅，简称徐宅，是一幢近代石库门式建筑。大门采用石库门楼式，高二层，用水泥磨石子抹面，门洞采用半圆形拱券，立面装饰着一些规则的几何图案，外墙采用清水实叠砖墙，屋面为小青瓦硬山式，梁架为穿斗式，地面铺设青石板。主楼面阔五开间，二层楼，为传统木构架。

新马路 21 号里的洋行往事

姚宅·新马路 21 号

第二篇章　似是故人来

在江北岸附近采风，偶然路过一片民国时期的石库门风格建筑群，房屋外墙采用清水实叠砖墙，红砖腰线，部分墙体还有复古的混凝土雕花。

穿过道路两旁郁郁葱葱的常青树，一拐角后，便是古树荫蔽着的三栋相连的古宅，其中一栋建筑前人群熙攘，这里正在举办一场文艺活动展会。我满怀期待地踏进这个充满艺术气息的空间，门牌上赫然写着"新马路21号"，而我也是在这个宅子里，听闻了姚家的故事，那是一段关于家族在风云变幻的时代中，如何坚守信念的历史往事。

01 / 江北岸一座洋行的诞生

19世纪下半叶的宁波，江北岸灯火通明，长街上人声鼎沸，买办、商人和洋人络绎不绝，外滩码头的船笛声此起彼伏，而姚宅内却陷入一片寂静，门窗紧闭，斑驳的烛光在水泥花砖上跳动，映照出正厅一隅的姚绍伦，他正眉头紧锁，身穿长袍马褂来回踱步。

"办，还是不办？"这个问题困扰了姚绍伦大半年。彼时的宁波，

新马路上

借助开埠的东风,商品贸易量节节攀升,货币交易频繁,洋行也如雨后春笋般冒出来。姚绍伦出身商贾之家,行冠礼后,便接受家族联姻与包梅珍举办婚礼,成家后,姚绍伦渴望成就一番事业,开办洋行于他而言是机遇,亦是挑战。

经历过两次鸦片战争后,宁波城内满目疮痍,民众对洋人深恶痛绝,并且随着通商口岸的开放,大批量的洋货流入市场,冲击着传统纺织、手工、制造等行业,进一步加剧百姓抵制洋货洋人的民族主义情绪。当姚绍伦宴请开办实业、投资经商的友人到姚宅相聚,在饭桌上提出开办洋行时,这一想法几乎遭到商友们一致的强烈反对。姚绍伦称:"开洋行、通商是必要的,这是进步的。既然总有人要来做这件事,不如就让姚家承受这一时的骂名"。几番争执过后,气氛跌落到冰点,好在身为上海华盛烟草公司董事长的夫人包梅珍及时打圆场,才结束了这场聚会。

在一个清晨,波光粼粼的水面刚染上霞光,江北岸的码头上已经是一片繁忙的景象。脚夫大声吆喝着,肩扛沉重的货物,忙碌地进行着装卸工作。在这熙熙攘攘的人群中,姚绍伦独自站在一旁,目光深邃地注视着眼前堆积如山的货物。

甬江上,货船川流不息,而姚绍伦的身后,浙海关正在修缮,旁边则是拔地而起的西式风格建筑,宁波这座城市正在发生着翻天覆地的变化,他深知时代的变迁会带来无数的机遇,所以自己要抓住这个机会,开办洋行!

第二篇章　似是故人来

19世纪70年代的洋行

新马路上

姚宅前院

姚宅后院

02 / 对待"国人""洋人",要一视同仁

夏夜的姚宅,蝉鸣蛙声交织一片,窗外繁星点点,皓月当空。大厅内,姚绍伦正在煤油灯下专注地处理着洋行的业务。自从接手这些事务以来,汇兑、头寸融通、商户担保、货物抵押等烦琐的贸易融资工作,常让姚绍伦忙到夜不能寐,他原本就瘦削的身形更显消瘦。

包梅珍轻轻走进书房,手中端着一壶刚泡好的茶水,她将紫砂壶放在红木桌上,拿起小口茶碗为姚绍伦沏茶。随后,她又在灯座中添加了煤油,轻声叮嘱姚绍伦早点休息。在她准备离开时,目光不经意间落在了桌上摆放的契约上,她忍不住问道:"为何洋行给百姓与洋人的利息,相差甚多?"

姚绍伦接过茶杯,沉默片刻后回答:"国内有200余家洋行,它们大多依赖转贩鸦片获利,吾等虽为商人,但对国家亦有责任,万不可做此生意,只能靠沿袭老一辈的'老办法'给予洋人优惠来扩大商业规模,而对本地人的利息相对较高。"包梅珍并未回应,只是默默关上房门回到卧室。

夜深人静,皎洁的月光洒到床榻上,临近子时,姚绍伦才缓缓推门而入,正准备宽衣解带,才发现夫人包梅珍并未像往日那般早早熟睡,而是起身坐在床沿。"利息问题上还是不妥,难不成洋人还都比我们高一等不成?"包梅珍甚是严肃地望向姚绍伦,接着说,"做生意的基本原则是诚信,吾等与洋人做生意更是决不能放弃民族尊

严,应以平等的姿态待人接物。"姚绍伦听了夫人包梅珍的肺腑之言,如醍醐灌顶,一改之前洋行的差别政策。

在姚宅的古朴庭院中,姚绍伦和包梅珍度过了无数温情的时光,夫妻俩在商海中并肩作战、互相照顾,并能为对方及时地出谋划策或指出不足。在生活中两人感情和睦,并在朝夕相处间培养出了惊人的默契,姚家后人每每提到这对夫妻,眼中总是闪烁着敬慕与怀念。

03／国家有难,吾等商人亦有责任

1912年,沪杭甬铁路宁波至慈溪(今慈城)段正式通车,城市的脉搏开始跳动得更加有力,道路建设也逐渐走向现代化。宁波的洋行纷纷参与到城市交通运输、保险、外贸等多个领域,其功能和影响力得到显著提升,也推动着宁波乃至整个浙江地区的经济发展和现代化进程。

终于在1931年,那条曾经斑驳的新马路被改建为水泥面马路,长度910米,成为宁波历史上第一条水泥马路。姚宅也因此获得了明确的地理坐标——新马路21号,其大门设在朝向新马路的左侧厢房。主楼面阔五间二弄,高两层,小青瓦硬山式,梁架为穿斗式,并带有前廊。廊柱方形,廊前有近代车木栏杆,栏杆图案用回纹,地面铺设青石板,有着独特的中西合璧风格。

姚绍伦与包梅珍夫妇,以诚信、平等的精神和社会责任感,潜移默化地影响着姚家的后人,培养了他们广阔、开放的眼界,以及"把

第二篇章 似是故人来

姚宅入口

通向后院的廊道

小我融入大我"的格局。他们的儿子姚楚根,继承了家族的传统,也成为商界赫赫有名的爱国民族资本家。

1940年7月,镇海沦陷,战火延至宁波城内。不久后,日本军机在宁波城上空投下了染有鼠疫杆菌的跳蚤、麦粒及面粉等物品。数天后,宁波开明街一带暴发了鼠疫,导致大量百姓在痛苦中死亡。姚宅内,姚楚根夜不能寐,他深感国难当头,自己仅能捐献物资和银圆,心中充满了无奈与悲痛。

1941年4月20日,宁波彻底沦陷,日军对宁波及其周边地区进行了残酷的侵略和破坏。在这危难之际,一位中共地下党员向宁波当地的民族资本家求助,姚楚根听闻消息后,毫不犹豫地站出来,秘密联系到了地下党员,慷慨捐赠自己的积蓄,帮助国家抵抗日军的侵略。他的行动正如其父亲姚绍伦当年所言:"国家有难,吾等商人亦有责任。"无论是商人还是百姓,都要对国家怀有崇高使命感,对民族抱有强烈社会责任感。

解放战争前夕,姚楚根还动用了自己多年积攒的商界人脉,通过各种途径,暗中协助运送物资,动用政界的人脉,帮助宁波站的中共地下党成功突破国民党的封锁线。他的行动,不仅是对家族传统的继承,更浸透着对国家和民族的深沉热爱。

04 / 我与我们的时代

港口的风,千百年来源源不断地从海上吹来,宁波乃至整个中国的历史进程与发展轨迹都在国门打开后,发生了翻天覆地的变化,变化最终是呈现螺旋式上升还是直线下降,究竟由何决定?当下正年轻的我们,站在时代的十字路口,能够为这个社会做些什么呢?站在江北岸码头,迎面而来的风吹得人思绪万千,或许这个叩问需要每一个人自己去寻找答案。

作者◎柏力中

生于 1998 年,重庆人,现居宁波,摄影师

#细说建筑#

新马路 21 号姚宅,是一座三合院式的近代民居建筑。其大门位于朝向新马路的左侧厢房,主楼面阔五间二弄,高两层,小青瓦硬山式,梁架为穿斗式带前廊,廊柱方形,廊前有近代车木栏杆,栏杆图案用回纹,地面铺设青石板。宅后还有花园、马房等附属用房。

第三篇章

又见新马路

迎来送往的新马路,又有了新故事。

第一位新邻居

甬曹铁路宁波车站纪念馆·大庆南路与新马路交叉口

若说起新马路上显眼的地标，位于大庆南路与新马路东南侧路口的火车头一定在列。

那是一列 20 世纪初的蒸汽机车仿真缩小版模型，由蒸汽火车头和一节车厢组成，漆黑的车身、红褐色的轮毂都已锈迹斑斑。远远望去，好像下一秒，就会伴着轰鸣声向我们驶来，并喷出白色蒸汽，形成笔直的汽柱，冲天弥漫。

脑海中的旧火车呼啸而过，眼前出现一幢精致的小洋房——甬曹铁路宁波车站纪念馆。

01 / 搭乘新的人生列车

2016 年 8 月 22 日，为纪念伟大的民主革命先行者孙中山先生诞辰 150 周年和孙中山先生来甬视察 100 周年，甬曹铁路宁波车站纪念馆内举办了"历史的脚步——纪念孙中山书画精品展"，并正式开馆。馆内，书画作品、老照片、车票及地图等实物资料一一陈列。至此，近代宁波铁路的发展史以及孙中山先生与宁波的故事再次走向大众视野。

1916年8月22日,孙中山先生乘坐甬曹铁路火车抵达宁波。午后二时,宁波各界数百人在省立第四中学讲堂举行了热烈而隆重的欢迎会,孙中山先生发表了重要演说,提出"振兴实业、讲求水利、整顿市政"三点意见,言简意赅,对宁波的建设和发展至今仍具有很好的启示意义。

开馆时,新马路正处于新旧更替的阶段,老宅翻新,街区改造,整条路上扎满了工程队。纪念馆就在机械轰鸣、尘土飞扬中拔地而起,甬尚西泠作为新马路历史文化街区引进的第一家单位,就落户这里。在此空间内,还入驻了宁波陈振濂文艺大师工作室、慈湖印社、知稽文化等。空间的主理人为阮解、张桂烨夫妇。阮解,书法篆刻家,中国书法家协会会员、浙江省书协篆刻委员会委员、宁波市书协篆刻创作委员会副主任、慈湖印社社长。张桂烨,油画家,中国美术家协会会员、浙江省油画家协会理事、宁波女美术家协会主席。这对中西合璧的艺术伉俪,用炽热之心守护着整个空间,为艺术代言,为历史发声。

开馆至今,成功筹划举办各类书画展览和活动,积极引进西泠名家,举办西泠系列展览,同时也引进中外艺术名家举办的联展及个展,既让广大宁波市民在本地就能领略国内外名家的艺术风采,感受高端艺术氛围,也吸引到更多市外艺术家、观众前来参观学习。2018年以"宁波车站历史陈列与文创产品"为主题,甬曹铁路宁波车站纪念馆被评为"宁波市不可移动文物保护利用优秀案例",并入围"浙江省第二届不可移动文物保护利用优秀案例"。

第三篇章　又见新马路

甬曹铁路宁波车站纪念馆航拍

二楼工作室窗口的桂花树

看到越来越多的市民朋友前来观展,阮解张桂烨夫妇很是欣慰,"现在是文艺创作及艺术创新最好的时候 —— 老百姓有需求,社会有条件,艺术家有抱负,我们要实实在在为文化事业做点事。"

百年前,甬曹铁路是见证铁路推进宁波城市发展、进入工业文明的里程碑,百年后,甬曹铁路宁波车站纪念馆又成为新马路历史文化街区焕新的见证者。

02／最称职的"保安"和凌晨 4 点的新马路

晚上 9 点多,纪念馆的工作人员和保安早已下班,但二楼一角的灯还没有熄灭,那就是主理人之一阮解平常创作的地方。

工作室临街,白天的喧嚣时常侵扰着他的思绪。汽车的喇叭声、行人的谈笑声、起伏的施工声,源源不断,少有止息的时候。但阮解在这样的环境中仍能找到属于自己的节奏,无论是提笔设计手稿,推刀雕琢印石,还是沉浸在古籍中汲取灵感,他都能将全部心神倾注在方寸之间。

创作,如同一道栅栏,将喧闹和孤寂都隔绝在外,分隔现实与精神的世界。白天,周围噪音不断,阮解不觉喧闹;当夜色深沉,窗外由静寂笼罩,楼里只剩他一人时,他也能安然处之,不觉荒凉。完成作品后,从全身心投入的状态出来,他抬眼一看窗外,常常已是无尽的黑与静,那是凌晨三四点的新马路。

安放好作品,缓缓起身,关上所有的灯和门窗后,这位纪念馆真正的"保安",独自走进新马路的暗夜里,回家。

张桂烨主攻油画和综合材料,她在这充满字画印的具有中国传统的空间中汲取养分,用于艺术创作中。那些写有甲骨文、金文的作品,那些碑拓,那些方寸之间的印章等,都是她创作的元素。她将中国文字的线条、布局与西方油画材料的色彩和质感完美融合,画面中透露出属于她的那份独有的韵味与意境。

而阮解也会将绘画的元素巧妙融入篆刻中,使传统的篆刻艺术有了新的表达。这种跨界式的艺术交流,不仅是技艺上的融合,更是心灵上的共鸣。

春去秋来,作为甬曹铁路宁波车站纪念馆忠实的守护者,他们在新马路已悄然八年,每处角落,都留下了他们的足迹。

03 / 和新马路一起出发

2016年的春节,阮解一家三口受邀前往联合国总部大厦,参加迎中国新年艺术展览,阮解挑选了《论语选刻》《刻画宁波》等篆刻印屏作品参展,希望更多人了解源远流长的中国文化,也让东海之滨的历史文化名城宁波走向世界。

回国后,阮解对传统文化的输出有了更深刻的思考:如何让更多人真正理解并爱上中国传统文化?答案是守正与创新。就像他当时即将要搬进的新马路一样,改造时需要保留古韵,也要突显属于这个时代的个性。

创作空间

书画展

可以说,阮解和新马路,共同迈入了各自生命旅程的新篇章,而新马路也见证了阮解完成的多项重要创作。

比如深耕 5 年有余,以先贤王阳明波澜壮阔的一生为轴,以王阳明的经典心学金句、诗词、故事、典故等为内容,刻制 100 多方印章、100 多把紫砂壶、100 多方砚台以及 300 多幅传拓作品。并在王阳明诞生 550 周年之际,精选出 550 件篆刻、壶铭、砚铭作品进行展出并无偿捐赠阳明故里。体量之大,制作之精,大爱之心都令业内人士称赞不已。

人们常说,真正的艺术不仅在于形式的美,更在于内在精神的传达。阮解用了 5 年多的时间,日夜沉心与先贤对话,研读其相关著作,最后将警世之言篆刻在方寸之间时,才达到每一刀每一划,都质朴而深刻。圣人之学、金石风骨亦因此得以永恒。

同时,王阳明的精神也影响着阮解,促使他在艺术创作的路上,不断探索精进。2021 年,中国文联副主席、西泠印社副社长兼秘书

印刻作品展示　　　　　　　　　　印刻作品展示

长陈振濂及其工作室在宁波特别设立"世界图纹与印记：一带一路印谱"篆刻艺术创新项目实验组，阮解担任实验组组长，开始了稳健谨慎、步步为营、低调扎实的"科研式"实践性探索，以"一带一路"国家（地区）的名称、国花（区花）、人物以及当地标志建筑、特色动植物、山川河流等元素为题材，将中国印与国外图案元素相融合，进行图形印创作。

在当时看来，这是一条从未有人走过的路，自己是摸着石头过河，除了要解决创作创新的难题，还要面临周围质疑、唱衰的声音。但是热爱和使命，让他们排除万难走了下去。无论成败，都是向前的一步。

经过三年多的研讨和打磨，两次全世界范围的创作征集，项目组共完成了"一带一路"共建国家两千余件创作作品，并在多个城市举办作品巡展，受到极大关注。

阮解也交出了诸多令人眼前一亮的作品：如篆刻作品"中国"

主题印章,周边刻有青龙、白虎、朱雀、玄武等传统装饰图样,当中还刻了一座华表;篆刻作品"孟加拉国"主题印章,融合孟加拉国国花睡莲和握手礼仪;为奥运刻的携手奔赴的大熊猫和高卢鸡印章……

这些作品巧妙地将不同国家的图形与东方古老的篆刻艺术相结合,既让中国人感到亲切,也让外国人产生共鸣。

除了向外拓展,阮解也将目光聚焦在身边的历史文化。走进甬曹铁路宁波车站纪念馆内,迎面就是一整墙的篆刻作品"印象宁波",宁波历史文化的厚重感扑面而来。看着眼前古拙苍劲的金石作品,我们很少会去想它们背后,究竟堆砌着多少手稿。

篆刻,或许在外人看来,只是匠人手中片刻的功夫,唯有创作者深知,自己经历了多少个不眠之夜,跨越了多少次思维的瓶颈,才得一方佳作。

正如我们眼前的新马路,并不是一朝一夕就完成了蜕变。每一位入驻这里的大师和文艺工作者,都带着对文化和艺术的追求,用心打理一方庭院,使得这里的每一块砖石,每一处装饰,每一片绿化,既保留着历史韵味,也融入各自的艺术追求与人生哲学。

与新马路同行的日子,如搭乘一趟新的人生列车,途经四季,风雨皆灿烂。

作者◎徐 来

生于1999年,新媒体编辑

她们的百年

王宅 · 新马路36弄11号

❀ 新马路上

"我会常想南山幽,会思念紫竹萧萧月如钩,溪光摇荡屋似舟;会思念这一宵虽短胜一生,青山在绿水流,让你我只记缘来不记仇……"

走在新马路上的一片黛瓦白墙中,似乎总能捕捉到如丝如缕的越剧唱词,循声而去,不知几时便步入了深巷,再行至转角处,眼前豁然开朗,那是一幢优雅的百年小洋楼——新马路36弄11号。

这幢典型的石库门建筑,由前楼、洋房及偏房组成,听说是民国初期一位王姓商人建的宅邸,后来人去楼空,荒废了好些年,直到2023年,王志萍越剧名家工作室和微小娘时尚美学创新中心在这里落户,宅院得以重现往日的热闹。

01 / 蝴蝶落在新马路上

王宅庭院中有两棵树,都是百年的广玉兰,墙角处种满鲜花。西厢小楼的中心位置,搭建着一个民国风的戏曲微舞台,彩光射灯围绕着复古幕布,映照出旧时甬上风情。往里走,沿扶梯而上,就来到二楼的王志萍越剧名家工作室,这里珍藏着王志萍老师在越剧舞台上留下的诸多璀璨瞬间,除了影像图册,还有她表演《蝴蝶梦》时戴过的头套和一袭粉色戏服,栩栩如生的蝴蝶刺绣,落在雾蒙蒙的轻纱上,如梦似幻,一场庄周梦蝶的戏码呼之欲出。

越剧,这一中华戏曲宝库中的瑰宝,其历史最早可追溯到清朝末年,真正成型于民国初年,在百年间迅速成长,成为戏曲百花园中的奇葩,王志萍则是越剧领域当代旦角中的佼佼者。14岁那年,她进浙江定海县越剧团学艺,工花旦,兼工青衣。1986年,年仅19岁的她因主演越剧《棒打寇珠》而扬名中国越剧坛,成就了越剧黄金年代的传奇,也由此进入上海越剧院,正式拜越剧王派宗师王文娟为师。此后,在恩师的带领下,排演了多部大戏,一时红遍大江南北。但王志萍也曾告别过舞台,历经10年的去国怀乡,她还是决心回到心爱的越剧舞台,并用一出原创大戏《蝴蝶梦》奠定了自己在上海越剧院的地位。如破茧成蝶,王志萍最终找到了自我,也因剧中形象深入人心,被戏迷冠以"蝴蝶教授"之雅称。

如今,这只蝴蝶飞到了江北岸新马路上,带来悠扬清音。而引蝶人,是一位从小就喜欢越剧的宁波人——王微波,同时,她也是资深的旗袍爱好者。

2021年,王微波的旗袍工作室还开在离新马路1000米外的地方,那一年,王志萍来到宁波演出,演出前的导赏直播安排在了王微波的工作室,这对一个从小就喜爱王志萍的王派戏迷来说,无疑是巨大的惊喜,那是王微波第一次见到偶像。因戏结缘,两人很快就建立起深厚的情谊。后来,王微波计划提升旗袍馆的功能,而新马路上的王宅也正在寻找新的主人，面对这样一个更大更精致的空间，王微波萌发了和越剧"结合"的创意。

越剧以女子文戏为主，婉约优雅，服饰与女性生活息息相关。传统文化与时尚审美在雅致的空间里融合共通，美美与共，更能提升艺术气息和美学品位，也能为宁波增添几许文化魅力，吸引更多的人关注她、热爱她。于是，王微波向王志萍老师发出了邀请。

王志萍老师的家乡在舟山，工作在上海，宁波刚好可以作为一个理想的中转站。而且宁波是百年越剧发展的重要码头，王志萍老师认为，在这个先辈宗师们留下艺术光芒的宝地建立工作室，传承传播王派艺术，于自己而言，是责任，是使命，更是一份艺术情感的紧密牵系。更为巧合的是，两人都姓王，将工作室落在王宅，似乎也是冥冥中的天意，所以这次合作水到渠成。筹备一年左右，王志萍越剧名家工作室和微小娘时尚美学创新中心在新马路上正式落成。

一百年很长，一座宅院经历了无数次风雨沧桑，一件旗袍，一方戏曲走过太多的曲折坎坷。一百年也可以很短，宅院新生，过往烟云如历史书上薄薄的一页，年轻的她们将写下新的百年纪。

02 / 戏迷们有了家

王志萍老师常说自己算是半个宁波人，每次来新马路上的"微园"，就像回家一样，对票友和戏迷而言，这里也有家的归属感。

工作室成立以来，在微小娘团队的全力协助下，王志萍老师和同行及专业弟子们倾注心血,通过"蝴蝶讲堂""戏迷雅集"等经常性活动,从王派艺术唱腔、人物塑造、花旦身段、做功等方面,面对面教学,倾心传授从"以情带腔"到"以情带身"之韵。

每场活动,来自不同地域、不同年龄层的戏迷们欢聚在微园,同唱共演,愉悦身心。戏曲不再曲高和寡,而是人人都可参与,男女老少都陶醉其中,尤其越来越多的年轻人参与进来。古树掩映,砖瓦依旧,悠悠清韵回荡在这幢百年洋楼里,时间,好像并未走远。

这种浓浓的艺术氛围,总让王志萍深深动情,更觉肩负着传承重任 —— 不负厚爱,不遗余力,让越剧文化带活老街区,让王派艺术深入人心,花开万家。

从前戏迷们也会到各地去观演,但结束后总是匆匆离去,而新马路上的工作室,好像让"追星之旅"有了锚点,平常没有活动的时候,他们也会不远千里,从全国各地汇聚而来。

须大姐,一位来自江西的忠实戏迷,因在网上看到王志萍工作室,便想过来参观,她的爱人也十分支持,二话不说,开车七八个小时陪她来到宁波新马路。一路上,须大姐放声高歌,因为她离儿时的梦想越来越近了 —— 找一个正宗的传承学习基地,找一帮志同道合的戏迷朋友。须大姐在工作室参观了很久,最后情不自禁地唱起王志萍老师曾演绎的经典选段《黛玉葬花》。

还有来自厦门的一对贤伉俪,丈夫高先生 30 年前看了一场《红楼梦》,从此爱上越剧,尤其对王派情有独钟,而爱人沈姐却是潮剧票友。在浓厚的戏曲氛围下,沈姐即兴来了一段韵味悠长的潮剧选

新马路上

读书会

蝴蝶讲堂

段，不同地域的戏曲艺术在这里得到碰撞交流。

6位喜欢王志萍老师的戏迷，因在线上唱歌平台分享自己演唱的王派唱段，彼此欣赏结识，神交一年后，相约夏至当天在工作室见面。她们分别来自上海、镇江、余姚，还有一位是宁波当地人。初次见面，却熟悉得像多年老友，她们看着工作室陈列的影像资料，如数家珍地介绍起王志萍老师的每个高光瞬间，兴致来了，还模仿起她在舞台上的经典走位，那样投入而专注的模样，在微园里时不时就能看见。

热爱之路，有幸的是相逢一群可爱的人。新马路王宅不再是陌生他乡的一幢小楼，它亲切如家。

"王派艺术，薪火相传"。这是越剧宗师王文娟书赠王志萍的嘱托。如今，这幅字画作品正挂在工作室内，新马路也将成为越剧艺术生生不息的见证者。

03 / 旗袍文化从这里走向海外

旗袍的迷人之处，或许在于一针一线与穿衣人的贴合度，盘扣、立领、斜襟、高开衩……每一处细节都婉约地勾勒出女性的身体曲线，大方典雅，散发着东方女性独有的气质。

西侧小楼的一楼是旗袍展厅，这里既有古朴怀旧的样式，也有现代时尚的新潮款式。一排排中西兼容的海派旗袍、清新素雅的苏绣旗袍、端庄大气的京绣袍子纷纷入眼，好似一帧帧民国电影的画面从眼前缓缓掠过。柔光落在旗袍细腻的纹理上,仔细看,那是由千针万线钩织出的花样年华。

现代意义的旗袍,诞生于 20 世纪初。民国时的歌星周璇,影星胡蝶、阮玲玉,作家张爱玲,才女林徽因等都是旗袍的忠实拥趸,从她们留下的旧时影像中,清晰可见旗袍那欲说还休的含蓄和优雅。

百年来,旗袍的发展也有过断层,好在总有人拾起这一东方韵味。王微波多年来就一直在打造她心中最美的旗袍世界。2016 年,她创立了以旗袍为主打的"微小娘"品牌,日常进行旗袍定制、旗袍课程、女性艺术修养培训以及一系列相关文化、影视、艺术活动,如今已经吸纳了 2000 余位活跃爱好者。

工作室每件新款的颜色、面料、花纹都由王微波亲自设计把关,她认为旗袍不仅是一件衣服,更凝聚着中国人的情感、历史和记忆,能够传达一种生活态度。近年来,她也不断努力将旗袍文化推向世界舞台,她和团队曾受邀至日本长冈京市、保加利亚索非亚等地进行中外文化交流,让更多人近距离感受中国旗袍的魅力与韵味。

04 / 百年洋楼的新风景

王宅进行改造时,4 个月的时间里,接连换了 3 个设计师,才有了"微园"现在这般独特的韵味与和谐的设计。

春去秋来,往来的人和事,风和雨,已经在这里留下了新的风景

第三篇章　又见新马路

王宅里的旗袍馆

王宅里的咖啡馆

和故事。你随时来,都不会不合时宜。晴天,你或许会遇到一群戏迷,水袖翩翩,越音缭绕,你再换上一身旗袍,就像走进从前的慢时光。若是碰上雨天,那便到二楼茶室坐坐,品着热茶,听着雨声。入夏的时候,两株广玉兰悄然开花,你可以直奔三楼阳台,硕大洁白的花朵触手可及……夜里,月色朦胧下的宅院静静的,偶尔有推门轻响,那是附近的居民散步至此,进来坐着闲聊一会儿,浅酌一杯,有些还穿着睡衣。古树下,各色的人讲起各色的生活,零零碎碎,激起庭院空明的涟漪,百年老宅也好像化身小舟,晃晃荡荡,载着这般人间。

作者◎吴若琴

生于1990年,新媒体编辑

与故乡有关的书篆芳华

范宅·新马路12号　李宅·新马路18号

新马路上

2022年初夏,新马路上迎来了一件轰动全国书法界的大事——以中国文联副主席、西泠印社副社长陈振濂名字命名的书学馆正式落成开放。

又是一年夏天,走向新马路的尽头,走进陈振濂书学馆,一段与故乡宁波有关的书篆芳华正在古宅里,徐徐铺展……

01 / 新马路上看世界

古朴雅致的宅院里,弥漫着浓浓的翰墨书香和金石气息。展馆内,错落有致地悬挂着书法作品,或展现出流畅自然之美,如行云流水,或透露出刚劲有力之态,如苍松古柏。玻璃展柜中,端放着篆刻作品原石,方寸之间,风雅无限……

书法创新,是陈振濂一直在做的事情。他所构想的书法世界,是一个既有历史沉淀,也有时代新风,既能放眼全球,也能走向大众生活的世界。

而新马路上的书学馆,正是陈振濂进行创新创作的一个重要载体。在书学馆正式落成当天,他就迫不及待搞了个大动作——宣布成立"世界图纹与印记：一带一路创作印谱"篆刻艺术创新项目实验组，并举行了实验组首批实验作品研讨暨课题论证会。

这是一次史无前例的试验。传统篆刻多以汉字呈现，而此次创作，既要严格遵守传统金石学、印学的审美标准，又要去研究古埃及文字、古波斯文字、古印度文字和今天西域各国通行的各民族文字，研究如何使这些异域文字形态妥帖地纳入篆刻印面，而没有"违和感"。

宁波是"海上丝绸之路"的始发港、活化石和"一带一路"倡议

书学馆门口

书学馆二楼一角

枢纽城市,而且当下宁波书法篆刻人才队伍整齐,梯队也很健全。让浙东书风吹荡新马路,把宁波打造成为国内的书法篆刻艺术高地,是陈振濂书学馆的目标,也是历史的选择。

一年之后,"印·世界""一带一路"图形印系列名家作品展惊艳亮相。

世界的文化,以古老的艺术形式,在新马路上绚丽绽放。

展览作品的内容多以"一带一路"沿线国家(地区)的名称、国花(区花)、人物以及当地标志建筑、特色动植物、山川河流等为元素,并融合中国传统篆刻的要义精神,不失苍茫古朴的金石味。

用中国传统的篆刻艺术来进行"一带一路"的艺术创作,具有当代审美意味,是篆刻作品在展厅时代的一种有益探索与尝试,更是中国书法界的首创。

细看当代中国书坛发展,"首创""颠覆性"这样的字眼,似乎一直伴随在陈振濂左右,成为他艺术生涯中不可或缺的注脚,而溯源其最早的注脚,或许是"旋风"一词。

02 / 风从何处来

1979年,陈振濂考入浙江美术学院(现中国美术学院),成为中国首届书法研究生,师从书坛泰斗陆维钊、沙孟海先生等人。年轻时的陈振濂,总在做"离经叛道"的选择。

当时的美院,大家都热衷创作实践,写字、画画水平高,作品就能卖高价。而做理论研究不但不赚钱，出书还得自掏腰包。陈振濂选择了后者。

20世纪80年代，大部分人还认为书法只是简单写写毛笔字，和艺术沾不上一点关系。陈振濂却意识到书法首先是审美，而不是技术，由此提出"书法美学"的新概念，并写下相当多的理论著述。从20世纪80年代中期开始，他一口气在《光明日报》等多家报纸上开辟了7个不同主题的专栏，向社会普及书法及其知识谱系。随着陈振濂的名字铺天盖地地出现，1987年，《中国书法》杂志发表了《理论之树常青——谈"陈振濂旋风"》一文。

那时候，陈振濂不过二十来岁。

"陈振濂旋风"持续了很久，也引来各路质疑——"不好好搞创作，成为不了大家。""搞书法理论有什么前途，不如写字、参加'笔会'赚钱。""你的说法太超前，没多少人会听。"……

"旋风"过境，更多时候带来的只是沉寂。

但陈振濂仍旧埋头研究，思想的风暴从未停下。

20世纪90年代，他又提出"学院派书法创作模式"的构想：书法创作不能再一味地进行古诗文誊抄，只看到古人的思想，当代书法应该有属于这个时代之人的思想支撑。于是有了后来的"社会责任""民生书法"理论。2012年，他还举办了一个名叫"社会责任"的超大型群展。当时展出的作品有记录百姓柴米油盐这类民生小事的，有呈现社会热点事件的，比如农民工网上购票难、柯达胶卷倒闭等。这样的展览，再度遭到质疑：强调"社会责任"主题，会不会

书法创作室

降低艺术的纯度？但陈振濂依旧坚持每天书写一则新闻，默默耕耘这份也许在十年后、二十年后，才具备时代性的代表作。

早年陈振濂饱受质疑的时候，总有一个人站在他身旁，那就是恩师沙孟海，即便是争议最大的时候，沙老也始终支持着他。

1991年，陈振濂作为交换学者被学校派去日本交流书法。那时候，有大批的日本书法学者研究中国书法，还没有中国学者去研究日本书法史。这次逆向选择，陈振濂受到的争议更大，周围都是"中国的书法还没整明白，居然倒过来研究日本书法……"之类的苛责。

此前，陈振濂出了一本大部头著作《日本书法通鉴》，起初他受舆论影响，不敢给恩师看。但沙老还是发现了，看到这么一本厚重的书，沙老并没有责怪于他，反而说："我不懂日语，但这本书对我来说很有用，以后日本书法团体来访问的时候，就对他们有了全面的了解定位。"而且还认真指出了书中的几个错别字。

书坛几度风雨，沙孟海始终在陈振濂的一侧，这份深厚的师徒情谊中，还交织着乡谊的温情纽带——二人都是宁波鄞县人。

陈振濂在上海出生,虽然家里人都讲家乡话,但对还未踏足过故土的他而言,宁波是遥远而陌生的存在。家乡情结,需要时间的沉淀和不断产生的事件去催化它,而恩师沙孟海无疑是催化过程中不可或缺的一环。

03 / 故乡的呼唤

20世纪80年代末,陈振濂陪父亲陈祖范来到宁波天一阁,寻找钤有"文则楼藏书印"的古籍。此行,算是寻根之旅。

据民国《鄞县通志》记载,陈振濂的太祖父、鄞县人陈僅,博学能文,著述颇多,藏书万余册,有唐石经玉版、历朝别史、汉魏六朝各丛书等珍本,而陈氏的"文则楼"更是清代浙江知名的藏书楼。太平军打到浙江时,文则楼的藏书全部送到了天一阁。民国时期,陈家移居上海。

书阁里,芸草香四溢。那些世代相传的文献典籍,承载着一个家族的情感与记忆,渐渐牵动起游子的心。

但直到1992年,沙孟海书学院在宁波东钱湖畔成立,陈振濂才与宁波有了更紧密的联系。

沙孟海书学院的开幕式原本定在1991年秋。而那时,陈振濂还在日本做学问。

"陈振濂什么时候回来?"这是沙老最关心的问题。有人提议,如果十一月不能开,就到明年一二月份开。

书画作品展

书画作品展

可沙老觉得陈振濂不回来,不热闹。"要不等他回来吧。"

这一等,就从秋天等到了来年春天。

然而,陈振濂对这一切并不知情。1992年4月,他从日本回来,先去沙老家报到。沙老郑重地交代他:"以后沙孟海书学院就由你负责了。"

陈振濂感到十分意外,因为他是沙老最小的弟子,从当时学术和艺术的成熟度来看,或许也是最不起眼的。而沙老的女婿直接点破:"这是沙老的想法,你不要推辞。因为你是宁波人。"朋友还告诉陈振濂:"沙老到现在还没开院,是等着你,他一直在等你回来。"

就是这两句话,让陈振濂心中涌起万千感慨,这不仅是简单的信任,更是一份沉甸甸的传承使命。

在沙孟海书学院落成后的近二十年间,陈振濂在宁波组织发起了一系列活动、展览、比赛、研讨会。宁波的风土和人情也逐渐走进陈振濂的心中,常年在外的游子,终于在故乡有了归属感。

2017年,陈振濂作为宁波首批文艺大师工作室的领头人,为宁波书法艺术的蓬勃发展注入新的活力。

2022年,陈振濂书学馆落户宁波新马路,成为江北为打造新马路文化街区而引进的首个名家大师艺术机构,该馆由范宅、李宅、王宅三座石库门式近代建筑组成,中西合璧,独具特色。

其中,范宅大约建于20世纪30年代,至今已有近百年历史,主人是民国时期的范逊禅先生,据说是天一阁创始人范钦的后人。如今,百年老宅里,文脉赓续,生生不息。

新马路,好像冥冥中一直在等待另一位藏书家的后代,唤醒古宅里经久不散的隽永书香。

这段与故乡有关的书篆芳华,未完,待续……

作者◎杨一平
生于1981年,江西人,现居宁波,社区工作者

嫁衣,不止浪漫

王宅 · 新马路36弄13号

第三篇章　又见新马路

提起"婚纱",脑海里不自觉浮现出一场婚礼:肃穆的西洋教堂里,新娘手拿捧花小步迈进,阳光透过彩色琉璃晕开了纯白的纱衣,耳边奏响着进行曲,花满宴席。以上是我对"婚纱"一词一些浅显又固化的联想,在走进这家开在新马路老洋房里的婚纱店之后,浪漫有了更具象化的表达。

01 / 藏在弄堂里的浪漫

这个开在老洋房里的婚纱店有个非常正式的名字——"宁波婚纱美学艺术中心",同时也是国内知名婚纱造型师阿布老师的工作室,光听名字像是该开在和义大道这样大牌云集的繁华地段,可是实际上,新马路36弄13号,要找到门面不在大路上的它实属不易。沿着石砖路走进新马路的某条不起眼的小弄堂,叩开门扉步入洋房,似是来到了一个新的次元——房子内外有些割裂,心底冒出了爱丽丝误入仙境时的新奇,也有"缘溪行,忽逢桃花林"的惊喜。选址于此,仿佛时髦的设计和前卫的潮流不再高高在上,不再是昂贵的消遣,普通人也可以走进这座老洋房,接触到原创的婚纱设计,

宁波婚纱美学艺术中心入口

展示的婚纱

陈列的礼服

感受时尚与潮流的熏陶。

换了鞋走进室内,有淡淡的百合花香,旧上海百乐门的音乐不大不小,从天花板角落安装的音响中传来,恰到好处的悦耳。即使是对婚纱与时装设计毫无涉猎的门外汉,在这样的氛围当中也可以退去夏日炎热带来的浮躁,静下心来欣赏眼前一针一线交织而成的艺术品,聆听它们在时髦与美丽背后的故事。

大厅左手边的房间里陈列的礼服让人印象尤其深刻。所有的衣架都没有固定在墙上,而是被设计成了可活动的——是为了不破坏老洋房原本的墙壁。一系列带有黑曜石的礼服陈列在最显眼的衣架

第三篇章　又见新马路

上,庄重又格外耀眼,让人不由得开始联想新娘穿着这件礼服自信迈步的画面,当今时代的女性不再是柔弱和被保护的一方,她们不用被规定一定要穿什么、一定要做什么,她们可以身着一袭黑曜石礼服,可以像黑曜石一样坚硬有力,用独属于女性自己的力量扛起自己的人生。

转过身,映入眼帘的便是各式的婚纱和礼服,纯白简洁的短款婚纱、复古又时髦的新式礼袍、配色张扬极具活力的吊带裙……悉数陈列在房间里,老洋房的气质与氛围,让一件件婚纱与礼服呈现出温润复古的色彩,品牌主理人Alice女士称之为"油画感",也是只有在这老洋房中,人们才会对服饰的质感产生这种"原来如此"

的惊叹吧。

上下两层楼转了一圈,新中式、复古风、高定礼服、小众设计等风格一应俱全,其中一部分是和老洋房的调性全然相配的复古民国风格服装,其余则风格迥异,缎面、轻纱、皮质蕾丝、新中式旗袍……这些五彩斑斓的服装,给老洋房带来了不一样的生机与活力。从杂草丛生的荒芜旧宅到如今时髦新潮的老洋房,婚纱艺术中心的进驻让传统元素与时尚潮流在此碰撞,续写了老洋房的故事,也给新马路带来了时尚前沿的新鲜血液。

02 / 涌动不息的"三江之心"

与婚纱艺术中心的主理人 Alice 攀谈间得知,她是宁波慈溪人,从小就在这片土地长大,她从事婚纱美妆行业已有 17 年,自 2021 年老洋房这个婚纱店开业起,她每天都要花近 3 小时通勤,自慈溪到江北老外滩新马路。"在老洋房工作是一件非常幸福的事情。"在她口中,自带悠扬 BGM(背景音乐)的工作环境、漂亮时髦的礼服、新婚的年轻男女,欢声笑语填满了日常的工作与生活。当被问及这两年来印象最深的事时,Alice 脱口而出的便是 2023 年 10 月的那场主题为"汇三江,启东方"的新国韵主题时装秀:夕阳西下,在老外滩三江口,模特身着各式风格的服装走向江边,观众也纷纷起身,人群在温柔的晚霞下向三江交汇之处涌动着,阿布老师依据宁波地标三江口设计的珠宝头饰"三江之心"压轴出场,闪烁的小钻石组成线条簇拥着主钻,就如奔涌的江水汇聚在宁波三江口,画龙点睛,让秀场与三江口与宁波紧密相连。

从 Alice 女士口中得知,阿布老师每年都会走进新马路老洋房,大概每隔一个月便会来一次,他喜欢一个人待在房间里埋头工作,通过独处的方式积蓄能量继而投入创作之中,也会在这栋房子中举办艺术沙龙分享自己的设计经验,在各种时装秀中展示自己的设计成果。关于浙海关旧址博物馆时装秀的压轴皇冠"三江之心",便是阿布老师对宁波印象的诠释,也是宁波文化对阿布老师创作的影响的最好体现。在此之后,跟随着阿布老师的步伐,"三江之心"走出宁波,被郭富城夫人方媛戴在头顶,宁波的文化也随之走向全国、迈向世界,三江口这一地标在更大的舞台上熠熠生辉。

03 / 东方美学遇上时尚先锋

新马路36弄13号百年洋房为品牌影响力提升发挥了不可替代的作用。过去的辉煌需要更多彩的画笔续写,更多优秀的设计将在这里生根发芽、茁壮生长。Alice 希望用更好的设计让更多的年轻人走进老洋房、走进新马路、走进老外滩,了解宁波这个时尚与传统并存的城市。阿布造型品牌的效益优势将在此持续发挥作用,阿布老师设计的头饰等作品进驻老洋房展览;用妆造培训的方式将老洋房逐步打造成为婚礼美妆培训基地,提升妆造人才的数量与妆造产出的质量,从而吸引更多爱美的年轻女孩儿走进新马路。扎根宁波本土文化,婚纱艺术中心于老洋房组织举办艺术沙龙、新马路时装秀等时尚活动,用服装与妆造两个抓手,丰富新马路艺术社区的内涵,提升老外滩的艺术审美,用文化打造出宁波的时尚名片。

就像先锋派推翻了传统体制的高楼一样,在这座450平方米的复古洋房里,婚纱被赋予了更加新颖与先锋的意义,融合了新马路、老外滩,甚至于说是宁波的乡土文化之后,它不再只是一件嫁衣,它是设计师对艺术的理解,是多样文化碰撞的结晶,是家族的血脉相连,更是当今社会年轻的血液对幸福且崭新生活的向往;而这家藏在老洋房中的婚纱店,便成了这份美好的发源地,优秀的传统文化、时尚前沿的设计理念、江南的乡土文化,各式各样的元素在老洋房中交汇、交织、交融,孕育出一件件婚纱、礼服,成就了独属于新马路,独属于宁波的浪漫。

作者◎ 顾嘉祺

生于2004年,北京电影学院学生

不可居无竹

徐宅·新马路25号

● 新马路上

连绵的秋雨后,空气中开始弥漫着丝丝凉意,新马路也迎来了新一批的访客。行人穿梭在古巷里,透过郁郁葱葱的樟树,观赏着一排排独特的中西合璧风格的石库门建筑。兴许是动静太大,惊扰到正在湿漉漉的石板路上跳跃的麻雀,它们扇动翅膀,轻盈而敏捷地扎进一处庭院的绿竹中。

抬眼望去,那一抹翠绿实在让人好奇:在这一幢幢近代西式洋房风格与传统布局相结合的建筑群落里,为何会有这样一片竹林?

01 / 踏上竹刻艺术之路

沿着深巷前行,两侧是未经粉刷的清水砖墙,古朴而典雅。这些洋楼虽历经风雨,但大多保存完好,仍能透过青瓦红砖看到昔日的繁华。踏入小巷尽头,一转角,便来到了这座种满翠竹的屋楼前——新马路25号徐宅。

这是一处具有民国时期建筑特色,坐北朝南,三合院式的二楼住宅。宽敞的客厅里摆放着一排姜黄木柜,五层柜台中整齐地陈列

第三篇章　又见新马路

一楼过道

后院的竹子

展　厅

竹刻作品展示

着几十件精雕细琢的竹刻：笔洗、臂搁、印章、茶器、香器等。每一件作品都工艺精湛,透露出深厚的艺术底蕴,而这些竹刻作品,皆出自陈春荣之手。

陈春荣,高级工艺美术师、浙江省工艺美术大师、亚太地区竹工艺名匠、宁波市非物质文化遗产(象山竹刻)代表性传承人。他自幼便对绘画情有独钟,喜欢对照连环画上的图案,在老屋黑漆漆的板壁上用粉笔作画,进行"人物故事连载"。

1988年,是陈春荣人生的转折点,他因交不起学费决定辍学,父亲就把他送到县城,托付给表叔张德和,正式学习竹根雕技艺。直到 1997 年,陈春荣走出象山,在上海古猗园举办了首次个人作品展。展览期间,他的作品《达摩邃悟》还在中国根雕艺术博览会上荣获金奖,同时该作品被外国藏家看中并高价收藏。此后,他的竹刻技艺日渐精湛,作品也开始在市场上广受欢迎。

02 / 向下扎根,向上生长

2022 年 8 月,在陈春荣的牵头下,江北区竹刻竹艺文化馆正式成立,作为竹刻文化交流展示平台。馆内还设立陈春荣大师工作室、竹工艺品展示区、庭院竹品种展示区等,旨在深度挖掘竹文化,让竹文化融入新时代生活中,成为新时代艺术的新产业。

自此,他的身影常常出现在这座老宅中。一杯茶,一片竹,便能让他安静地雕刻一整天。他细致观察着竹根外表的奇特、瘤节的多少、竹钉的布局,再通过奇思妙想和高超技艺,把它们雕琢成艺术品。他的手指在竹片上飞舞,刀锋在竹节间穿梭,每一刀都充满了对竹刻艺术的敬意,雕出的每一件竹刻都栩栩如生。

有时,身体过于疲累,他便推开窗户,望一望庭院里那片生机盎然的翠竹,不禁回想起种种往事:童年时期因家境贫寒,自己每天上山砍柴、下地劳作的不易;初学竹刻时,从构思到完成一件竹刻作品,无数个夜晚的废寝忘食;不被他人看好时,自己咬牙坚持的每个

◎ 新马路上

学习交流活动

非遗竹刻·薪火相传——2024年度大师"四进活动"启动仪式现场照片

瞬间……

成长经历淬炼着陈春荣，让他拥有了生命的韧性与耐力。犹如坚韧的竹子，将根深扎在土壤里延伸，他在"黑暗"中付出的时间与汗水，都是为破土而出，向上生长。

03／枯木断根焕新生

在一楼的大师工作室创作之余，陈春荣还在二楼的学术报告室开设了竹刻大师课。面对一群充满好奇和热情的初学者，从他们眼中，陈春荣看到了对竹刻艺术的热爱，也看到了竹刻艺术的未来。于是陈春荣讲得更仔细了，将竹刻的基本技巧，从选材到刀法，每一个细节都不放过，倾囊相授。

他放慢示范动作——在竹子表面雕刻出图案，并保留竹子表面的一层薄薄的青筠（竹皮），然后去除图案以外的部分，露出下面的竹肌，形成一种独特的立体感和层次感。陈春荣还示范在竹根上刻圆雕人物，在竹制笔筒、扇骨上镌刻，利用竹皮与肌理的不同质感创造"留青"的特殊艺术效果。

除了在竹刻馆教学，陈春荣还经常走进高校和社区，组织开展非遗竹刻创作的实践体验活动，让更多年轻人接触到竹刻艺术，感受到它的魅力。他深知，自己的使命不仅仅是传授技艺，更要激发更多人对竹刻艺术的热爱和尊重。他相信，这些年轻人中，总有一些人会被竹刻艺术深深吸引，成为竹刻艺术的下一个传承者，让这门古老的艺术焕发新的生机。

夕阳西下,陈春荣在竹刻馆的客厅,准备着接下来的竹艺课程。翠竹在微风中轻轻摇曳,仿似低语。成群结队的年轻人,正走在新马路上,走向这个属于他的竹刻世界。

作者◎柏力中

生于1998年,重庆人,现居宁波,摄影师

老街有梦,器物有灵

孙宅·新马路 22 号

"久晴何日雨,问我我不语。请君一杯茶,柱础看君家。"

你问我天晴了那么久,什么时候才会下雨,我答不上来,不妨坐下陪我喝杯茶,回去之后,你且细看家中的柱础,自然就知道何日会下雨了。

这段颇有生活气息,浪漫又俏皮的话,是刻在柱础壶上的铭文。

柱础壶,文人紫砂的经典造型器,灵感来自"柱础",即古代建筑中用来支撑大柱子的基石。南方的梅雨季节,空气湿度大,快下雨时,柱础会出现"还潮"现象,民谚称"础润而雨",壶上的铭文也由此而来。

这般有趣的器物就藏在新马路22号的老洋房里。一壶一世界,在这里,你可以看到文人紫砂的万千气象。

01 / 新的起点

紫砂文化因茶而生,茶文化可溯源千年,而文人紫砂的历史却并不算长。明末清初,文人开始参与到紫砂壶的设计和制作中,以坯作纸,以刀当笔,诗、书、画、印出现在小小的茶器上,文人的哲学思考、文学修养、艺术审美和生活情趣为其注入了灵魂。

紫砂界曾流传过这样一句话："千年紫砂,绵延至今;雅俗共赏,文化先行;前有陈曼生,后有梅调鼎。"

清代陈曼生与杨彭年合作的曼生壶,开启了文人紫砂的兴盛时代,晚清宁波著名书法家梅调鼎,领衔创办了玉成窑,由宁波、上海、宜兴一帮文人巧匠共同参与,将文人紫砂艺术推到了又一个高峰。

"玉成窑"三字,有着古典浪漫的气息,寓意把玩此窑所出的文人雅士与精制而成的件件作品,都质媲美玉,品性纯洁温润、光泽内敛而不外露,也有"玉成美事"之意。其窑址据说位于现在的宁波江北慈城,它不仅仅是烧制文人紫砂的窑口,也通指由文人墨客、金石书画名家领衔、制壶名家、陶刻高手共同参与紫砂创作的一个艺术群体。

如今,玉成窑已成为宁波的一张文化名片。2023年1月,"玉成窑紫砂制作技艺"正式入选浙江省非物质文化遗产代表性项目名录。两个月后,玉成窑非遗传承基地于江北区新马路历史文化街区正式落成,童衍方文艺大师工作室同期入驻,皆由玉成窑非遗传承人张生主理。

童衍方,号晏方,1946年2月生于上海。他师从来楚生、唐云两位先生,工书法篆刻,亦擅写意花鸟,精鉴赏,好收藏,现为国家一级美术师、西泠印社副社长、上海中国画院画师、宁波市文艺大师。

童衍方曾多次提到,传承固然需要,而传播更为重要,所以他不遗余力地推动金石文化走向大众,让文人的用器能更好地融入生活。

新马路上

玉成窑开馆

日常活动空间

来到新马路,他对玉成窑的复兴有着极大的信心。

新马路位于江北老外滩,是百年宁波的重要见证地,既有历史的厚重,也有现代的时尚韵味,吸引着一大批追求文化体验和新鲜感的年轻人,正是文化传播的前沿窗口。

工作室落成当天,还迎来了一位重要的朋友——西泠印社"社藏之宝"——双龟图提梁壶,百年来首次从库房走出,穿越时空长廊,来到新马路22号,作为玉成窑开馆仪式的重要藏品展示。

这件双龟图提梁壶,是西泠印社第一任社长吴昌硕的旧藏,上面的双龟图乃"清末海派四杰"之一的任伯年绘好后亲手刻于壶上,在两位全国顶级艺术大师的加持下,这件文物可谓意义非凡。

艺术瑰宝的百年首秀,既是开启玉成窑新篇的序言,也是让新马路历史文化街区焕发生机的一簇火苗。

02 / 唤醒沉睡的老宅

"修旧如故,以存其真。"这是历史文化街区保护工作需要秉承的原则,而百年洋楼的古典韵味与文人紫砂的雅致十分相配,不需要大刀阔斧的改动,只是在院前复刻一口馒头形状的玉成窑,两侧分别铺上一层黄龙山紫砂矿料和一块穿越大半个中国找到的景观石,门扉轻启,玉成窑的特色就尽在眼前。馆内,挂上各大家的书画,陈列一件件质朴温润的紫砂壶,在合适的空间置瓶插花,一个古雅恬淡的文人空间徐徐展开。

作为玉成窑非遗传承人,张生广收遗珠,20余年来,不断寻找玉成窑存世古器,将其请回故土,如海上书画大家唐云的旧藏——玉成窑汉钟壶;如刻有梅调鼎的铭文,出自何心舟的精心之作——玉成窑提梁壶;如文人艺术家与能工巧匠珠联璧合的典范之作——玉成窑汉铎壶……

器物易损,而这些紫砂壶古器,走过百年,安然地来到你我面前,便是一种缘分。紫砂壶的泥料、造型、纹理、刻绘,似乎都在诉说着自己从何处来,经由了几代人的手,沸腾了几万次。原本暮气沉沉的老宅也因为它们的到来,恢复了生气,一吐一纳间,皆是文人气韵。

走进玉成窑非遗基地,当你望向眼前那盏紫砂壶,看到的是泥与火的艺术,是柴灰的蜕变,是器物走过百年,一身的痕迹。

如果紫砂壶会说话,老宅里一定热闹非凡。

 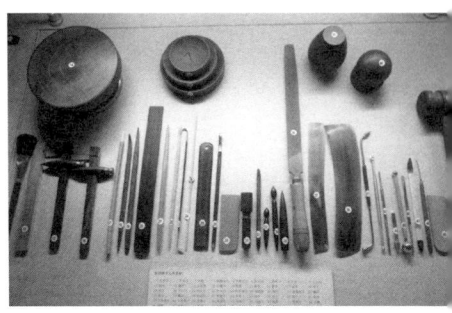

各式各样的紫砂壶　　　　　　　　紫砂制作工具

光是壶上的铭文,便已展现出创作者精神世界的万千姿态。"阳羡陶,胡取匏,肚量宽,人尽欢"这是匏瓜壶上的铭文,可爱饱满的壶身,好像在得意扬扬:"瞧瞧我,看得宽,欢喜自然也多。"还有"石可袖亦可漱,云生满瓢噎(即"咽")者寿""铁为之,沙搏(即"抟")之。彼一时,此一时"等诸多关乎茶道和自然的哲理。字形或自在飘逸,或高古苍劲,文辞直白易懂,读后让人会心一笑,也发人深思。

因为这些紫砂壶的到来,新马路上仿佛也承载了文人和匠人生命中的一段时光:他们将"切题、切意、切茶"和"可用、可赏、可玩"的雅美趣韵玩到极致,在无数个案前制作的日夜里,他们或许有着心意相通的畅快,也有针尖对麦芒的争执。但文学和工艺的碰撞,最终会在一场火的淬炼后,化成英雄惜英雄的默契。

03 / 后有来者

三江水奔流不息,老外滩喧哗如潮。然而,一踏入新马路上的这座老宅,一切都慢得很舒心。茶室里,紫砂壶接受来自沸水的温柔灌溉,每一寸肌理的呼吸都有了具象。茶叶在温润的紫砂空间里缓缓舒展,清香升腾,茶水从圆润壶口汩汩而下,一盏茶,拂去尘世烦忧。书画镌刻室里,细小锋利的刀刃在半干的紫砂壶坯上顿挫起伏,勾勒山水诗文,一把壶,沉淀了心境。

茶和紫砂壶,是一对历史悠久的搭档。都说"器承茶香",紫砂器有提香、聚香的特性,而其经由茶水的浸润,器身的颜色也会有所变化,两者相遇,就是一场相互成就。所以玉成窑非遗传承基地在推广玉成窑文化时,也在极力宣传茶文化。当越来越多的人爱上喝茶,他们可能也会爱上紫砂壶,爱上紫砂壶,就会主动了解它的前世今生,甚至亲手制作一件称心的茶器。

从矿料到泥料加工、生坯成型、书画镌刻、窑烧,这些工艺流程都可以在基地完成。基地定期对外开放实践体验、雅集展览、讲座培训,让市民朋友近距离接触玉成窑非遗,有了这样的空间,可以很好地培养紫砂艺人、紫砂爱好者及玉成窑传播者。2023年底,玉成窑馆成功入选宁波市"一人一艺新空间"。

收藏,是为了更好地与古人对话,了解古人留下来的智慧和审美;传承,是为了给古人一个交代,寻找更多的后来者,让宝贵的文

制壶工作室

制壶体验

化得以延续,跨越世代,生生不息。

张生认为,过去20年的收藏鉴赏仅仅是基础,玉成窑的传承不单单是技法、器物,更是历史文脉和文化精神,要通过一个个器物去学习传承文人的审美、风骨和品位,所以他也专注于玉成窑摹古茶具,不希望玉成窑只是被一小部分人收藏,而立志让其回归生活,成为品质生活的一部分。

近年来,张生结合清代玉成窑文人紫砂的特点,复刻摹制古器并研发非遗文创,推出符合当代生活美学、泡茶习惯的近200款新品,目前有玉成窑摹古系列、玉成窑非遗系列、玉成窑文创系列。其中,玉成窑汉铎壶被他当作母本,制成当代玉成窑造汉铎紫砂壶,作为国礼赠送给60余位世界顶尖科学家和我国30位两院院士。今天,玉成窑非遗传承基地仍在努力走向世界,讲述中国茶文化和文人紫砂的故事。

让器物活起来,走进生活里,是对工匠、对紫砂文化的尊重。就如同眼前的新马路,让古建筑活起来,走进生活里,才是对历史文化最好的尊重。

作者◎徐　来

生于1999年,新媒体编辑

窗边有个手艺人

王宅·新马路7—9号

记忆里的父亲总是坐在新马路老宅的窗边,夜幕四合,路灯亮起,将他手上的每个动作照得分明,只见他手握一把大平刀,倾斜着将竹根坯上的须茬铲掉,再用打坯刀,沿轮廓线,先大刀阔斧地敲出主要部位的轮廓来。随着手起刀落,竹根上的人物形象逐渐变得鲜活。

这是朱峰在青山竹木文化馆最常看到的画面。窗外是喧嚣的城市与车水马龙的街道,而父亲朱利勇正埋头于创作室里,聚精会神地赋予竹根新的生命。

01 / 偏爱竹根的父亲

从古至今,人们总是歌颂竹子有坚韧不拔的精神,但到了朱峰这里,看到更多的却是竹根,倒也不是说它会像郑板桥写的"千磨万击还坚劲,任尔东西南北风"那般富有韧性,只是从小到大看着父亲沉浸在竹根雕的创作中,所以耳濡目染,也渐渐迷上了竹根雕这一化腐朽为神奇的艺术。简单来说,竹根雕就是雕刻师利用刻刀在竹根上进行雕琢,和木雕类似,但从本质上来说却又有很大的区别。

  竹雕成为一种艺术，自六朝开始，但直至唐代才逐渐为人们所识，至明清时大盛，雕刻技艺在当时超越前代，人们逐渐把雕刻目标转向了竹根，前期的竹木雕刻很多是模仿木雕的雕刻方法，直至近代，地处浙东沿海的象山，开始对竹根雕技艺进行改良创新，与原先的雕刻手法大相径庭，开始有了真正区别于木雕的作品。"开宗立派"总是辛苦，但新产品的出现也让市场为之一振，至少在那个年代，朱峰认为，应该是竹根雕的鼎盛时期，因为在那以后，再也没有那样辉煌的画面——有那么多手工艺人在一个地方共同雕刻。

  父亲最喜欢和朱峰提起自己是如何走上竹根雕之路的。那是1981年的盛夏，竹根雕工艺品已经进入对外出口贸易阶段。竹根雕行业急需新鲜血液的加入，而拥有绘画天赋的朱利勇，对人物结构与神韵的把握总是恰到好处。一次偶然的机会，一位老师傅一眼看中了朱利勇的潜力，收他为竹根雕技艺的学徒。

  2年后，在老师傅的悉心指导下，19岁的朱利勇出师，能够独立完成一些复杂的竹根雕作品。中秋过后，朱利勇喜欢在竹林深处转悠，想尽办法去寻找生长5年以上，质地细腻光滑、纹理清晰的毛竹，用作竹根雕的原材料。

  20世纪80年代末，竹根雕名声大振，开始跨越重洋，抵达20多个国家和地区的收藏家手中。短短几年间，产业快速扩张，一些问题逐渐显现：竹根雕产品的质量大幅下降，市场开始出现滞销现象，工匠们纷纷改行换业。

第三篇章　又见新马路

青山堂大门

青山堂前院

可朱利勇依旧选择坚持这门手艺,也始终相信只有如竹子般坚守初心,守得住寂寞,才能在竹根上雕琢出美的艺术。

02 / 不做工艺品,要做艺术品

2022年秋天,朱利勇站在了新马路上的王宅门前。阳光透过薄雾,见证着他竹根雕事业迈入新的征程,这座历经岁月洗礼的文保房,正式改造成为青山竹木文化馆。

这个展馆坐落于繁华的新马路之中,却自有一份静谧。宅子院内主楼面阔五开间,高二层,小青瓦硬山式,梁架为穿斗式,底层带前廊,地面铺设青石板。朱利勇说,竹根雕工艺美术与清代晚期风格的三合院式传统民居完美融合,展现出一种古色古香的美感。

第一次来到新马路,朱利勇就被这些老宅里即将注入的文化艺

二楼竹根雕展陈

朱利勇

术深深吸引,书法的笔触、篆刻的刀痕、紫砂的质感、竹艺的灵动,每一种艺术都将在这条街上诉说一段古老的故事。如果能将竹根雕文化也在此铺陈,该有多好。在江北区相关部门的帮助下,历时2年,百余件竹根雕非遗艺术藏品,终于陈列在新马路7—9号的王宅内。馆内设有朱利勇根艺创作室、根艺精品展厅、竹木雕刻体验活动区、民间古旧工艺藏品展厅、文化休闲茶室以及工艺纪念品区等多个功能区域。

展厅里,陈列着朱利勇近年来呕心沥血的作品,包括单个的人物肖像、描绘社会关系的群组雕塑,以及展现山水风情的根雕,它们共同的特点是采用幽默夸张的手法,生动地再现了生活场景,使得人物形象栩栩如生,充满趣味。

"我们要把每一件竹根雕,从工艺品努力提升到艺术品的高度,那就坚决不能做普通大路货,不要想着靠模仿抄袭去投机取巧。"

朱利勇的竹根雕作品

朱利勇的竹根雕作品

父亲总向朱峰一遍又一遍重复自己的信念。竹根千姿百态,如何取舍,依靠根雕艺人的想象力、知识素养以及人生阅历。真正的创作应该是随心所欲的,看到竹根的材料,想象它像什么,就创作什么。"这就是为什么竹根雕作品每一件都是独一无二的,你永远找不到两件完全相同的竹根雕。"

朱利勇的竹根雕作品,以其幽默夸张的风格而闻名,而他的个性也同样充满了对生活的热情和幽默感。在朱峰印象里,父亲经常坐在新马路根雕文化馆的茶室中,以竹和茶会友,谈笑风生。晚餐后,他总习惯于在新马路一带散步,特别是在文保房附近,仔细观察那些中西合璧风格的洋房建筑,从中汲取灵感,用于根雕创作。

朱利勇的代表作品《变形记》,就以略加变形的卡通艺术手法,利用极其有限的竹根原坯,巧妙刻画出了辛亥革命即将胜利时,社会各阶层人物群像。作品中,晚清一品大臣眉头紧锁,似乎在密谋着什么大事;地主看到留洋归来的儿子,神气十足;帮会头目则伺机重整旗鼓,心中盘算着如何发财。每一个雕像都栩栩如生,生动地展现了不同人物的内心世界。

03 / 成为新马路的一扇窗

从清晨五点多,直到晚上七八点,朱利勇总会待在新马路那间工作室内,沉浸于创作,看似孤独的背影,实际上,却是遨游在广阔的艺术天地中。

第三篇章　又见新马路

青山堂匾额

朱利勇总说，竹根雕背后，意义深远，它不仅是物质上的艺术品，更是人们精神文化的一种载体，能反映一定时期人们对自然和生活的深刻理解与感悟。

"竹根雕要传承下去，不能只是说说，如果大家只做研究，而不动手去做，这门手艺是留不住的。"青山竹木文化馆里，总回荡着朱利勇对学习竹根雕技艺的学员们，如此这般的提醒。

与大多数民间手工艺一样，竹根雕同样面临手艺传承断层的困境。最近一段时间，朱利勇就计划在新马路上寻找新的同行者，他忙碌地准备着各种培训课程，希望以此吸引更多年轻人，对竹根雕产生兴趣。

曾经的老洋房"王宅"变得热闹起来。路人纷纷驻足在青山竹木文化馆的窗前，观看朱利勇亲自展示制作竹根雕的过程，越来越多的人开始关注和喜爱这项传统艺术。朱利勇还在竹木雕刻体验活动区，毫无保留地分享自己的技艺，耐心地指导每一个对竹根雕

159

感兴趣的人。他希望能成为竹根雕文化的推广者,通过自己的努力,让竹根雕非遗技艺从地方走向全国。

　　曾经朱峰不懂父亲为什么会选择新马路,正如他不懂父亲为何对这门艺术如此坚持。可看着眼前满是活力的父亲,还有新马路上那些为竹根雕而来的身影,他由衷觉得这条路真是充满魔力。总坐在老宅窗前的父亲,好像也成了一扇窗,推动着这项传统艺术走向更广阔的天地。

作者◎安　居

生于1994年,杭州人,现居宁波,自由职业者

新马路上的"艺术方舟"

姚宅·新马路21号

江风悠悠吹拂,江水缓缓流淌,古老的建筑还保留旧时的痕迹,走在光影交错的新马路,时光遗落,静谧无声。而后,我就遇见了新马路上的艺术方舟——甬上外滩艺术中心。

在成为艺术栖息地前,这座宅院也曾在历史的浪潮里漂泊。

据说这里曾是姚宅旧址,原宅主人姚绍伦曾是洋行老板,其夫人包梅珍曾担任上海华盛烟草公司的董事长。时过境迁,20世纪七八十年代,曾作为群租房,租给10来户家庭居住。国家收回之后,又做过一段时间的街道办事处……直到主理人接手这栋旧宅前,仍处于长期闲置的状态,院子内杂草丛生,一片荒凉,经过一年多的修整,才成了我们眼前的模样。

如今这里变为了综合性艺术空间,集音乐、书法、陶瓷、服装等艺术为一体,可以提供展览展示、交流研讨、阅读学习、主题活动等一站式服务。

01 / 人间皆是浪漫

去的那天,台风过境不久,雨水淅淅沥沥,溅起青石板路的尘

第三篇章　又见新马路

修葺前的宅院

修葺后的宅院

埃,木刻的工作室招牌,像是砖墙上的一道点缀,据说上面的文字由作家冯骥才亲笔题写。一进门,偌大的芭蕉叶和成排的绿竹映入眼帘,似乎为这处古朴、静谧的空间平添几分活力。还有一株30多年树龄的太阳牡丹,白墙青瓦掩映在绿意之间。向里望去,古朴的陈设让人仿佛穿越到了上个世纪⋯⋯

这是座三合院式的近代民居建筑。主楼面阔五间二弄,高两层,屋面采用小青瓦硬山式,为了保留旧宅的味道,在重修的时候,整座宅子的结构都被保留了下来,木质楼梯、穿斗式梁架、回廊、屋顶皆是从前的模样。刷上清漆之后,依然可以闻到陈年木头散发出的味道。

宅院里最引人瞩目的,便是那个美丽的后院。

为了配合古建筑的整体形制,后院里搭建了两座榫卯结构的茅草屋。据主理人介绍,日后有计划把这里打造成咖啡馆、茶室等休闲空间,而这两处茅草屋可以作为技艺的"展示舞台"。他翻出相册,将过去这里的样貌逐一还原——"你看,全都荒废着。""一点点开始修整,跟园林设计师一次次反复修改。""我觉得还有很大的提升空间。"尽管眼前的大草坪已经十分葱茏、青翠,但精益求精的他依旧不太满意,觉得还少了些什么。艺术的美妙之处就在于:难下定论,那就交给时间吧,在一次次反复尝试、修正中,总会找到想要的答案。

有趣的是,这片草坪上居然还有一口古老的水井。井圈是从老房子中搜罗到的,安在此处,也算和古老的建筑相互辉映。

再往里走,宅子的边缘架起了一排花架,来年春暖花开的时候,或许就能看到连成片的紫藤萝瀑布,空旷处会被花朵填满,每一朵盛开的花就像是一张小小的张满了的帆,帆下还带着尖底的舱,船舱鼓鼓的……光是想象就觉得好看。

移步换景,游园的乐趣莫过于此,看四时变幻,看植物自然相映成趣,这又何尝不算一种生活的艺术呢。

02 / 艺术永不落幕

回到这座建筑,一楼的空间主要用作展厅,包括两个固定文创展厅,海外回流艺术展厅,瓷器、玉器展厅,此外还有一家出售新中式服装的门店,店内时不时会组织一些非遗技艺的体验活动。

小书屋

经过楼梯旁的屋子,一排排"顶天立地"的书架满满当当,俨然一处小书屋。艺术中心的主理人从事艺术品收藏和投资近20年,书架上摆放着5000多本艺术品拍卖图录及艺术品出版等珍贵资料,都是他从世界各地带回来的,免费供访客赏阅。

二楼聚集着众多大师工作室,如叶小钢文艺大师工作室、宁波书协副主席俞者新书法工作室、古彩非遗传承人洪爵振工作室、新疆玉雕大师李俊杰工作室等,可谓大师的世界、艺术的海洋。

叶小钢,1955年出生,上海人,当代著名作曲家、音乐教育家,中国当代音乐领域的领军人。现任第十四届全国政协委员、中国文联副主席、中国音乐家协会主席。2008年,北京奥运会开幕式上,全球共计有30亿观众聆听了由他创作的钢琴协奏曲《星光》。

走进大师工作室,唱片、书法、瓷器、玉石等各类藏品琳琅满目,每一件都蕴含着艺术家的心血和文化的精髓。

可以说,拥有这样一处具有历史底蕴的空间,对艺术实践而言,无疑是锦上添花。

为更好地发挥空间作用,艺术中心会在每月不定期举办艺术分享课、技艺传承培训、艺术品收藏和鉴赏公益讲座等交流活动。为了让艺术更接地气,他们联动多方力量,组建了一个名为"生活艺术家"的社群,由一批"80后"至"00后"的年轻人组成,他们中有人擅长制作手工,有人善于创新传统技艺,大家在不断的学习和碰撞中,创新艺术,再将这些技艺向更多有兴趣的市民朋友进行教学、传播。"让艺术融入百姓生活,让艺术走进千家万户。"这个听起来颇为宏大的愿景，却在一群年轻人的努力里，一点点走进现实。一群热爱传统文化的"新人"，正让古宅焕发新生活力。

03 / "被看见还是一件很值得的事情"

2024年以来，中心依托大师工作室，将现代生活与传统文化相融合，推出茶艺、古筝、点翠、沙画、京剧、新中式走秀等美学沙龙，让更多人沉浸式感受中式美学韵味。

除了往来参与活动的人们，这处旧宅还有一批"老友"，便是几十年前曾在这居住过的老街坊。其中部分搬去了别的城市，每逢节假日回到宁波，还会来这走走看看，和"老屋"合个影，感慨一番其中的变化。能在日新月异的城市变迁中找到一些过去的记忆，无疑

甬上外滩艺术中心外观

是"寻根"的游子最为欣喜的事情。每每这个时候,主理人也会沉浸于这份喜悦——"毕竟,我也为此出了一分力,能得到他们的认可,也是十分值得。"

立于新马路,从老外滩吹来的风,夹杂时代的潮声,载着这艘艺术方舟,驶向新的旅途。

作者◎王一一

生于 2002 年,大四学生

第四篇章

最是凡人歌

新马路上的他们,
也是这座城的底色。

渐渐消失的江北岸五层楼

人民路与新马路交叉口西北侧

第四篇章　最是凡人歌

江北岸五层楼曾经是一栋赫赫有名的楼房,不但在江北区人尽皆知,整个宁波城区的人也大都知道或听说过。

这栋五层楼房坐落在江北岸人民路与新马路交叉口西北侧,坐西朝东。说是五层楼,其实是四层楼之上加了一个亭子。下面的四层是青砖实叠的建筑,颇像欧洲的城堡,上面的亭子是中式的。宁波有许多清末和民国时期建造的中西合璧的楼房,但在欧式城堡上添加中式亭子的建筑物,是很独特的。

关于五层楼的资料很少。据说主人是张天锡,生于 1890 年,其父张溶水在宁波江北岸因代理经营英商亚细亚石油而发家致富。作为富二代,张天锡乐善好施,在宁波的教育、卫生、体育和慈善方面积极出钱出力,做出过贡献。1920 年前后,他修建了这栋五层楼房,命名为"春晖草堂",还让文人徐子美模仿王勃的《滕王阁序》笔法,写了个《春晖草堂序》。序云:"郡治之北有草堂焉,曰春晖。揽二百八峰之秀,凝九十九墩之灵。远瞩金峨,云蒸烟锁;遥睎宝幢,溪翠岩苍……"所以,"五层楼"不是这楼房的正式名字,而是当地居民对此的俗称。登上屋顶,从五楼的亭子眺望,可以饱览宁波城乡的街巷商铺、民宅寺庙、远山近水和田野阡陌。

我对五层楼是比较熟悉的,因为距离我家也就五六分钟的步行路程。1969年秋天我入读宁波四中后,上学、下学时,有时候也会从五层楼旁边经过。据说该房子的质量很好,地板的用料和铺设十分讲究。如果不小心泼翻了一桶水,那么这个水只会流向楼梯口,顺着梯级滴淌下去,因为地板没有隙缝。印象中,这楼房地基较高,要走几级台阶才能进入大楼。有一次,我跨上半圆形的台阶走了进去,但里面光线昏暗,楼梯旁堆满了杂物,感觉不是很好。

五层楼似乎命运多舛。宁波沦陷期间,日军占据这楼房,在此设立了海军司令部,另在甬江边的白沙路谢家花园设置了水上检查站,监管过往船只。1945年日本败降后,听说五层楼成了船员寻欢作乐的场所。

20世纪50年代起,五层楼分配给了海洋渔业公司和搪瓷厂两家企业,作为职工的家属宿舍。

五层楼虽然地基较高能免受水涝,却没能躲过火灾。1970年年初的一个晴朗日子,听说五层楼着火了,我闲着没事赶紧跑去看热闹。到了那里,看到地上湿漉漉的,楼顶在冒烟。南侧的窗口,几个窗户洞开,楼上的住户在确定能够及时逃生的前提下,为快速抢救财产,纷纷通过窗口往外扔家具。一把沙发从窗台上被推下来,落到人行道上发出了一声闷响——沙发腿摔断了。围观的人群发出了"啊"的一声惊叹。又有人把缝纫机扔下来了,"哇啊!"人们更惊奇了。也许受灾的住户认为,家具物品砸坏还可以修好,但如果遭到焚烧,那就彻底损毁,不可修复了。后来听说,火源来自四楼

第四篇章　最是凡人歌

五层楼原址远景

五层楼原址近景

一住户，当时家长不在家，两个小孩在用棕榈丝点火玩过家家，由此引发大火。火焰蹿上五楼，烧毁了亭子。后来损毁的亭子被拆除，五层楼变成了四层楼。

火魔似乎对五层楼不依不饶。三年后的1973年秋天，我在槐树路的宁波十三中学读高中。记忆中，应是9月30日下午，我在教室里参加考试，突然听到外面走廊里有人大声说："五层楼着火了！"我吃了一惊：怎么五层楼又起火了？运气太坏了！身在考场，我不能抽身前往火灾现场观望。事后得知，居住在四楼的一位职工一边抽烟一边拆棉被，不小心把未熄灭的烟头裹进棉絮，然后人又离开，酿成第二次火灾，把楼房第四层的屋顶烧穿了。灾后经修理，四楼的地板改成了三楼的屋顶，五层楼再次缩水，第四层徒留空洞的四壁，变成了实际上的三层楼。幸好两次火灾都只导致房屋和室内物品的一些财产损失，没有造成人员伤亡。

1997年江北岸人民路改造，拆除了这座楼房。五层楼从此彻底消失在人们的视线，只留在了老一代江北岸人的记忆之中。

作者◎ 舒云亮
生于1956年，作家、翻译家、文艺评论家

游走新马路

新马路历史文化街区

175

新马路上

八月中旬的一天,我在社区医院配完药,拎着塑料袋出来,在弄堂里看到新马路上的旧宅光影斑驳。忽地想到,何不去参观一下几年前修缮的清末民初时期建筑群。每次路过新马路,总想来看看,但一直未实现。懒散是我的痼疾,想起在北仑合资企业工作时,每天上下班路过小山公园,心想外派到期前,定要游览一趟,结果直到外派期满仍未能实现。

说起新马路,不住在江北的人可能不清楚具体位置,要是20世纪50年代及以前出生的,说起江北岸五层楼大都会知道。五层楼是那时的地标建筑,位于人民路与新马路交叉口。由于发生几次火灾,后一直无人居住,现已不复存在。

快到中午时分,新马路上樟树茂盛,浓翠蔽日,树叶间漏下斑驳光影。车辆在光影中穿行,静静的光影顿时流动起来,车向前行,光向后移,像时光倒流回到民国。

漫步在新马路上,游走在旧宅间。新马路南侧有一大片清末民初时期砖木结构老宅,皆修缮一新,有不少大门紧闭,不得而入。走了三四户人家,印象最深的是董辅礽旧居。

董辅礽1927年生于宁波,1950年毕业于武汉大学法学院经济系。一直从事经济研究工作,是中国著名的经济学家,有一代"经济学大师"之称。1988—1998 年,先后当选第七届、第八届全国人民代表大会代表、全国人大常委会委员、全国人大财经委员会副主任。1998—2003 年,任第九届全国政协委员、全国政协经济委员会副主任。2004 年 7 月 30 日去世,享年 77 岁。

董辅礽旧居是二进二明堂砖木结构。前明堂设有其坐姿铜像,正厅有介绍董辅礽生平的视频,循环播放着。前进楼上有会议室、会客厅、书房;后进设有几十个塑料方盒展示生平照片并有文字介绍。屋内除了一位管理员,只我一游客。边看边拍,从前进到后进,从楼上到楼下。

资料显示,董辅礽祖父是镇海县(今宁波市镇海区)万家桥人。1927 年 7 月 26 日,董辅礽出生在宁波市江北区新马路上的外婆家。

走出董辅礽旧居,来到新马路上,马路北侧不少观音兜山墙民国建筑映入眼帘。我无数次经过新马路,却对这些建筑没有印象,它们像突然冒出来一般。哈哈,过去是"走马看花",今日是"下马看花",感受自然不同。

游走在石板铺就的小巷,青砖灰白、暗色斑驳围墙间,想起小时候穿越弄堂的乐趣来。大约在"文革"前,有次同墙门里三四个玩伴一起,在县学街与开明街交叉口,从东侧弄堂开始向东走,游戏规则是向左拐,向右转,遇到死胡同为输,走到大马路为赢。那时这片区域全是老宅,有不少大户人家。高高围墙下,小巷交叉,四通八达。我们兴致勃勃地行走在小巷中,好几次看似"山重水复疑无路",走

新马路上

新马路巷口

新马路上的香樟树

到底,"柳暗花明又一村",惊喜中不断向前行,当走出小巷,来到灵桥路,面对"大世界",我们欢呼雀跃,高呼"我们赢了!"

穿过马路,来到新马路 36 弄。细长的小巷内,竟然隐藏着不少民国时期的石库门洋房。有的大门紧闭,有的成了单位,皆不得而入。

站在新马路与大庆南路交叉口,向东观望。该段新马路被两边高楼大厦包围,在成排的高大香樟树遮盖下,不那么显眼,与车水马龙的其他道路相比,显得那么安静与稳重,是名副其实的宁波历史文化街区。

一条老街承载着一座城市的一段历史。鸦片战争后,宁波被迫成为五口通商口岸之一,清道光二十四年(1844),宁波正式开埠,江北岸老外滩一带,成了外国人居留地和富商巨贾居住地。从晚清到民国,江北岸涌现出大量具有中西合璧风格的洋房、石库门等建筑。新马路于 1931 年改建成宁波第一条水泥马路,可想而知那时居住在这条路上的外国人和富商巨贾的地位和势力,以及当时政府的重视程度。沿街斑驳的墙体中,承载着昔日的繁华,记录着多少鲜为人知的故事。

一幢老宅记录着时代变迁,主人更换,家庭盛衰。那残缺的砖雕、风化的石柱、油漆脱落的窗台,像个饱经风霜的老人,诉说着跌宕起伏、酸甜苦辣的人生;龟裂石板、开裂柱子,像老人的满脸皱纹,记录着人生的奋斗轨迹。现代高楼大厦间的老宅,像块红宝石嵌镶翡翠中,尽显一座现代化都市的美感、厚重感和丰厚的文化底蕴。

回家,等待绿灯亮起好横穿人民路时,见马路上车辆飞速往来。绿灯一亮,斑马线上尽是行色匆匆的行人,突然感到,观赏新马路上老宅时那份悠闲、自在的心情多好!

作者◎薛金根

生于1953年,宁波港集团下属公司退休职工

老墙门的夏天

新马路 36 弄

第四篇章　最是凡人歌

人总是后知后觉。那时看来如此寻常的一个夏天,后来却成了青葱岁月里最难忘的画面——

奶奶说,她常梦见自己跑在长长的新马路上。儿时的记忆就这样扑面而来。

每天放学后,她总是和同住在新马路36弄的伙伴一起,从新马路小学走回家,不过五六分钟的脚程,小小的她们也能走出千回百转的曲折。

放学后,大伙儿通常约在校门外的杂货铺集合。杂货铺的柜台是斜面玻璃样式,有些陈旧,里头有牛奶糖、沙枣、马头牌饼干……一些调皮的孩子喜欢爬上柜台,双肘撑在台面上去挑零食,底部的木头挡板已经剥落了好几层。后面的木质大高柜,从低到高摆着厨房调料、水果罐头、麦乳精、橘子汽水、宁波大曲……还有各种日用,品诸如牙膏、牙刷、纸巾、毛巾、搪瓷杯、雨具。一到放学时间,这个售卖百货的铺子便热闹起来。她们也总在里头晃悠,大多数时候,什么也不买。只有柜台旁的酱油桶和酒桶,是她们忠实的老朋友。

记忆里,走出杂货铺,拐进一旁的石板路小巷,一侧是搬空的老宅,掉漆的黑色大铁门半开着,透过缝隙,能看到里面草长得很高,

新马路上

盖过了围墙半腰,院子中央的水缸碎裂大半,厚实的绿苔从里面蔓延出来,井口边上倒着一把竹椅,沾上泥土又长年被雨水浸染,有了不少斑痕。人去楼空,自然的事物慢慢掌握了话语权。像走迷宫似的,再从小巷里绕出来,走上新马路正街,远远就能闻见刚从土里挖出的蔬菜的清甜味儿,好些菜农在巷口摆摊,附近塑料八厂和火柴盒厂的工人刚下班,都挎着篮子围了上去。新马路36弄对面是赵宅,屋后有条小河,她们最后会绕到那里,有时也碰上同班的男生在捉鱼抓虾。最后穿过赵宅一侧的青石小路,就走到了36弄。

奶奶说那时候最期待的事,就是暑假前,收到她爷爷从上海寄来的信。因为这意味着她可以离开老墙门,去上海过夏天。和新马路比,上海的一切都新鲜无比。

每次从上海回来,她总会梦见8路"铛铛车",穿过苏州河,晃到黄浦江边,他们哼着曲儿,吹着风。还有和她爷爷常去的那个豫园湖心亭的茶馆,茶水苦苦的,爷爷和老友聊的故事却很精彩,最好还能去虹口大戏院看个新电影,再吃根赤豆棒冰慢悠悠回家……

可这一年夏天,她爷爷来信说自己和老友约好去福建重聚,这个假期,奶奶只能待在老墙门过。

我想象着她在楼上读信的样子,楼下厨房应当有吵闹的声音传来,那时候,一个院里好几户人家共用一个厨房,锅碗瓢盆一定响个不停。听奶奶说,新马路36弄原本两侧各有三栋联排住宅,前排的后门对着另一排的前门,老墙门之间隔开的路就成了一条小弄堂,不过两米宽。印象里,她的窗户一推开,就能看到对面屋内的情形,

第四篇章　最是凡人歌

老墙门

老墙门内一角

有时候和对面的小伙伴,各自趴在窗台,还能聊上许多话。

　　她记得那天,另外几个伙伴正巧从外边回来,双手拎着好大一个袋子,原来是桂芬带回了妈妈厂里的布料,"这是做手工用的。是冬天的棉手套,基本成型了,就差钩指头。一打二十双,做好五角钱,大家一起吧?"

　　大伙儿当然积极响应,要知道前年她们一起做火柴盒手工,只是把封面的那一页纸糊上,就用赚到的钱买来了一堆小人书。

183

既然去不了上海,还是好好享受老墙门的夏天吧。

桂芬的爷爷是专业的裁缝师,尤其擅长做旗袍,样式多又精美。虽然爷爷的手艺没有传承下来,但桂芬的针线活在弄堂里算是不错的,在她的指导下,大家很快上手。弄堂里没有树,光线明亮却也炎热,只有头顶横挂着一排排湿漉漉的衣服和被褥,水汽蒸发,让吹来的风多了些清凉。午后时光在飞针走线中快速溜走。

后来天气越来越热,暑气逼人,"罢工"的日子也多了起来。大家坐在小竹椅上,摇着蒲扇,还是汗珠涔涔,老墙门里最凉快的地方,无疑是那口老井。邻居家在前门经营着一个水果摊,有时会拿来小西瓜和厂里发的盐汽水,一起放进装了井水的铅桶里,再"扑通"一声扔入井中,经过一段时间的浸泡,瓜果和饮料注入了井水的天然凉意,清清爽爽,最能抚慰夏日燥热。

她这才发现,老墙门的夏天原来这么热闹。

每天天一亮,老墙门内的煤球炉就早早地开始工作了,炉膛内噼里啪啦的声响此起彼伏,整个弄堂烟雾缭绕,直到太阳升起,才慢慢退散。烧好水做好饭后,大人们陆续上工去了。放假头几天,弄堂里的孩子都醒得格外早。早饭通常是白泡饭加一小碟酱菜,偶尔有玉米南瓜粥配半颗咸鸭蛋。饭后,趁太阳还不算毒辣,小伙伴们照例先在弄堂里做起暑期作业。但往往没一会儿,就玩起跳皮筋、跳房子、踢毽子,还有弹玻璃珠、抓石子、打陀螺……一条不长也不宽的弄堂里,却有好几处游戏基地,有时候还学起电影《向阳院的故事》,即兴组织表演节目,最热门的就是唱红歌和越剧。假期里的小孩,浑身有使不完的劲儿,就像夏蝉,从早到晚地叫,也不觉着累。

傍晚,太阳终于落下,可水泥地还在冒热气,大人们接来几桶井水,往地上一泼,暑气消了大半。每到入夜时分,弄堂口的大铁门总早早上了锁,几个小孩把长板凳搬到弄堂,拼到一起,凉席一铺,往上一躺,吹着舒服的夏夜穿堂风,看着满天大颗大颗的星星。弄堂窄窄的,天空也是窄窄的,像一条流淌的星河。舒爽的夜里,传统项目则是讲鬼故事,胆小的孩子越怕越想上厕所,于是拉着大哥哥大姐姐跑了好几趟茅厕,慌慌张张,有时连路灯都忘记开。

月下风前,兴时低歌困时眠。喧闹了一整天的弄堂也逐渐归于平静。次日天蒙蒙亮,大伙又惺忪着睡眼,被家长推搡到里屋继续睡。

老墙门的夏天很快就过半了,在院子里一些大人的帮衬下,棉布手套眼看也快完工。

立秋这天,清早有些寒气,白日里仍然炎热。奶奶缝完最后一只手套,大伙清点过后,一起将六十打成品交给桂芬妈妈,不到半天,工钱就到手了。三十元的巨款揣在桂芬的兜里,大伙阔步走向宁波第二百货。这么多年过去,奶奶还记得当时好多细节,比如她们嬉笑打闹了一路,再比如,一直到了商场门口,她们也没有决定好买什么。

于是一人攥着一根老棒冰,坐在外头的花坛边上,又想上半天。

最后还是桂芬建议——买收音机!三十元刚好能买下一个小巧的熊猫牌收音机。

剩下的暑期里,老墙门一时传出悠扬曲调,一时传出《西游记》

中神魔世界大战、《隋唐演义》中瓦岗山群雄聚义……

这样寻常的夏天年复一年,她们这些老墙门里的孩子,也一个个长大,陆续离开这里,走向各自人生。但只要老墙门还在,弄堂口那扇生锈的黑色大铁门,就好像一直在等待她们回来,等待被再次推开……

(本文根据新马路老街坊李萍、阿芬、陈爱国等人口述整理)

作者◎英子

生于2000年,新媒体编辑

故居情

新马路上

自从搬离新马路,那里就成了我魂牵梦萦的地方,每次重逢,感受都不相同。

01 / 再访新马路

2018年,恰逢母亲节,我们姐妹俩陪伴着母亲再次踏足那片充满回忆的故土。

新马路虽不长,却有四五条小河,五六处陆海军部队家属大院,至今仍保留着几十栋较完好的石库门建筑群,我家原就居住在其中一幢,现开着一家中医堂,轻轻推开大门,踏着那依旧坚实的木楼梯,我的心头涌上了无数的回忆:依稀记得,每到过年,每家轮流在客堂间推着石磨磨水糯米粉,在各家灶头上炒着花生、香瓜子等,香气四溢,弥漫着浓浓的年味;依稀记得炎炎夏夜,父母摇着扇子为我们姐弟仨驱赶蚊虫;依稀记得和年龄相仿的邻居跳皮筋、捉迷藏,嬉戏玩耍,那些欢声笑语,仿佛还在耳边回荡;依稀记得放学后五六位同学在我家完成作业后就在弄堂里蹿进蹿出,挥洒青春活力;依稀记得在满天繁星的夜空下,好几个同学聚在我家阳台,吃着用井水

"冰"的水果,聊着各自人生理想……从故居向东走5分钟能到新马路小学,向西走6分钟能到第四中学,短短的一段路,却承载着我10年的求学生涯,我在新马路生活了将近30年,五层楼、塑料八厂、东洋井、石库门弄堂、老四中牌楼已镌刻在我记忆深处,成为挥散不去的思念。

02 / 时隔25年后的重聚

  2024年夏天,我和原故居的一众姐妹在保护完好的近代石库门建筑群——新马路36弄里的一家咖啡店相聚,多年未见,大家有讲不完的大道,掏不尽的老古,满屋欢声笑语,在座的姐妹们大都土生土长在新马路,那时物质生活条件远远不如现在富足,但我们依然玩得开心快乐。夏日晚上端着饭碗蹿东家逛西家;摇着芭蕉扇乘凉看满天繁星;冬天相约踢毽子、跳绳、捉迷藏,临近过年,家家户户炒年货、磨水糯米粉。年少时无忧无虑的日子还恍如昨日,记忆犹新。时光荏苒,岁月如梭,转眼间我们已步入了六七十岁的年华。岁月的风霜改变了我们的容颜,但那些曾在故居度过的美好时光,却如同镌刻在心底的印记,永远无法抹去。
  这次相聚后,给90岁老爸带去了老街坊们的问候,给他看了拍的故居照片,因为11年前生过重病,老爸向来不喜出门游玩,这一回也动了回故居看看的心思。于是时隔25年,和96岁的老孆孆相约欢聚,看着熟悉又有些陌生的老马路、老墙门、老弄堂,人去楼空显得苍凉,前几年开的中医馆已关闭,物是人非,感慨万千。两位"90后"的老人一位是无牙白头翁,一位是背驼腿脚不便的老姆姆,记忆力却甚强。两家是50年代先后搬到新马路生活的,经历了人生的风风雨雨,生儿育女的不易,邻里间的理解包容、互帮互助。在新马路36弄欢聚畅谈间,96岁老嬷嬷还即兴表演,唱上一段越剧!三位老人握手相约百岁再相见!新马路已是我们这两代人怀念和留恋的地方……

愿岁月静好,现世安稳,珍惜当下!

作者◎黄爱萍

生于1961年,退休职工

树有暗香来

新马路上

一晃,离开新马路已经三十多年了。我的整个童年和青春时期都是在这条路上度过的。

每次回想,那段日子却总是模糊不清。只有偶然间闻到什么味道,和过去某一瞬十分相似,记忆里的画面才清晰起来。所以每年暮春,小区里的广玉兰盛开时,风带来阵阵清香,我都会想起以前新马路邻居家的那两棵广玉兰树。

那时候,新马路上大多是梧桐树,广玉兰树极少见,因此在我们小孩子眼里多了几分特殊,而且它四季常青,当梧桐叶落满街道,它的叶子还完好无损,苍翠地挂在枝头。

广玉兰树很高大,树冠都盖过了三层楼。快入夏的时候,玉兰花竞相绽放,洁白又硕大,我和小伙伴总是被吸引过去,猛吸着那清甜的花香,偶尔有几瓣花片落下,我们迫不及待去捡起来,生怕沾上地上的灰,那花瓣有手掌一般大。

邻居家是一幢小洋楼,住着七八户人家,广玉兰树就种在庭院里,因为前门后院时常开着,我们平时也常来这个院子里玩耍,打弹珠、跳房子,还有过家家,拿破碎瓦片当锅碗瓢盆,野草野花是各类果蔬,而有了玉兰花,我们就有了《西游记》里的"玉液琼浆"。

有一天，我在好朋友家看连环画，直到天黑才想起来回家。路过小洋楼的时候，见后门还敞开着，我往里一瞧，一轮皎月悬在树的上空，夜幕如水一般，格外温柔，玉兰树的革质叶片透着细碎的光，蓬蓬的白玉兰亭亭立着，像荷花池里的白莲。那一刻，我才真正理解广玉兰为什么也被叫作"荷花木兰"。

虽然广玉兰在我心中是如白月光一般的存在，但那些常见的梧桐树也留存着我对新马路的一部分记忆。

新马路上有几处陆海军部队大院，我上五六年级那会，一放暑期，部队组织看露天电影的次数就多了，一般只有部队家属才能去看，但偶尔，我也能从伙伴那"借来"一张部队家属的票，拿着小马扎，大大方方地走进去，挑选一个最佳位置坐着。一般这种情况，我还会去供销社花一分钱买下十颗干炒的小蚕豆，揣在上衣的兜里，

新马路上的梧桐树

时不时拿出一颗慢慢咀嚼,也会和一旁的伙伴交换花生、糖果之类的零嘴。

大院门口有几棵粗壮的梧桐树,是独特的观影座位,大多数时候,电影还没开始,没有入场票的人就已经在树上等着了。我也曾和伙伴爬上去几次,双手得时刻扶住树干,不好驱赶蚊子,还有蝉鸣环绕周身。爬树的趣味要大于观影的体验,通常没看一会儿就跳了下去,有一次,不幸跌落,我只能庆幸那天穿的不是新裤子,对旧裤子膝盖处磨出的几道惨白痕迹少了一点心疼。回到家,母亲恰好从外边回来,问我膝盖怎么回事,我谎称是被仙人掌扎了一下。至于为什么让仙人掌背锅,我已经忘记了,也许院子里真的有盆仙人掌。因为是谎言,记忆总是混沌的。

但夏夜里蚕豆的味道,梧桐树叶的味道却是印象深刻。长大后吃的蚕豆有各种口味,酱汁牛肉味、五香味、麻辣味……不过我还是最喜欢原味的,放嘴里咀嚼一会儿,淡淡的咸香蔓延开来,这熟悉的味道,能让我想起儿时那些夏夜,大伙儿围坐在白色幕布前,等待电影放映……

作者◎赵书琴

生于1965年,退休职工

父亲的秘密藏在新马路

新马路上

春去秋来,搬来新马路,已经有 40 余载。弄堂里的邻居相聚又离开,曾经和发小玩捉迷藏的老洋房,如今也被列为文物保护单位,宁波四中的学生们,更替了一代又一代,他们的笑声和青春,似乎都融入了这条街道的每一棵槐树里,在这物是人非的光阴里,我们家人间血浓于水的情感却始终如一,邻里间互相扶持的关心也从未改变。这条长长的新马路,见证了一个女孩从叛逆到成熟的青春岁月,见证了母亲十年如一日地照顾着父亲的不易,也见证了父亲对我深沉的爱。

01 / 我和父亲的梁子,算是结下了!

新马路的弄堂里,"啪"一声清脆的棋子落盘声,"炮"豪迈地越过"楚河",吃掉藏在"马"后面蛰伏已久的"相",大有横扫千军之势。"贼嘎狭义啦!"一群大人们热闹地起哄,家门口又是里三层、外三层的街坊邻居,大家围成了一个小江湖,父亲则弓着腰,笑得醉醺醺地坐在人群中央。从江东搬到新马路以后,父亲就常常找弄堂里的叔叔们切磋棋艺。放学回家,总能听到父亲大声的招呼:"侬来了,再拿窝一盘就滋饭嘞。"我只好尴尬地朝长辈们点点头,迅速拉开帘布,逃似的,大步朝屋甩头走。

1985年,初秋。一场13级超强台风"杰夫"侵袭了东南沿海城市,那几日宁波狂风大作,暴雨如注。父亲踩着自制的木梯,在二楼的墙缝间修补好渗水的地方,又招呼来三四个住在弄堂的邻居,几个人挤在昏暗的小阁间下象棋。房间的左边堆满了父亲闲时制作的各种手工品,如柜子、木凳、象棋棋盘等,右边则摆放着一张为我准备的书桌。妹妹安静地在卧室里翻阅着小人书,楼上则不断传来棋盘落子的"乒乒乓乓"声响,以及大人们的欢声笑语。

我的心里像住了只小猫似的在挠。终于,等到台风减弱时,我找到了机会,偷偷溜出家门,跑到了同学家去玩耍。我家位于新马路的西北边,紧邻着宁波四中(原浙东中学),而同学家则在新马路的西南边,那里有一片中西合璧风格的洋房和一个大花坛。我们几个孩子常常在那里玩捉迷藏、扔沙包、跳绳等各种游戏,尽情挥洒着童年的欢乐时光。

时间的快与慢,总和人的感受相通,转眼已是饭点。午后减弱的台风又变得强势起来,我被迫留在同学家中。直到临近晚上9点,我才匆匆赶回家。一进门,便注意到客厅的饭桌上,摆放着几副干净的碗筷和一桌未动的饭菜,我心里预感不妙。房间内异常寂静,只有挂钟的嘀嗒声在耳边回响。

妹妹听见动静,慢悠悠从二楼房间下来,告诉我,父母和几位大人已经出门寻找我很久了。大约半小时后,全身湿透的父亲、头发散乱的母亲,以及几个狼狈的叔叔推门而入。我紧张地站起身,心脏狂跳,在和父亲对过眼神后,他大概猜测出我是溜出去玩了,"啪!"一声清脆的响声让我瞬间耳鸣,那晚,父亲的话语我已全然忘记,只记得几个大人劝着父亲,记住了那个耻辱的瞬间,记住了那个压抑到眼泪如泄洪般涌出的瞬间,以至于整个青春期,都想远离父亲。

1995年,6月中旬。我坐在书桌前,手中握着高考志愿填报表,毫不犹豫地填了外省的大学,那时候一心渴望自由,想要逃离这个家。开学前一天,父亲提着大包小包的行李,步履有些蹒跚地为我送行。我自顾自地走在前面,心中满是对即将展开的大学生活的向往,不知不觉间始终与父亲保持着2米的距离。走到新马路东南角的公交车站后,我便催促着父亲回家,心中暗自庆幸终于没人再管着、唠叨我。父亲坚持要送我到火车站,他排队为我买了一张到上海的火车票,票价20元。在临别之际,父亲微笑着向我挥手,"进去吧,照顾好自己,放假早点回来。"我淡淡地点了下头,大步向前走去,直到消失在父亲的视线中。

02 / 我以为这次要失去他了⋯⋯

1996年的冬天,宁波的寒风异常刺骨,新马路两旁的樟树在风中"哗哗"作响。寒假刚回到家,客厅里,妹妹正专注地看着漫画,而母亲却一反常态地在蒸鳗鲞,海洋的腥味在厨房弥漫开来。这是我记忆中从未有过的景象,家里向来是父亲掌勺,他总是下班后先与邻居下几盘象棋,待我和妹妹放学回家,才慢悠悠地走进厨房,准备晚餐。在我的印象中,母亲从未涉足过厨房。

"爸呢?他又去下象棋了?现在饭也不做了吗?"妹妹和母亲支支吾吾地转移话题,不愿正面回答。这一刻,我有些惴惴不安。

推开爸妈房间半掩的房门,我看见父亲静静地躺在床上,双眼紧闭,右腿被厚厚的白纱布紧紧包裹。整个房间弥漫着一股浓烈的中药味,混合着跌打酒的刺鼻气息。起初,我以为父亲是摔伤了腿,轻轻唤了一声"爸爸",没想到父亲缓缓睁开眼睛后,右眼却开始不

新马路上的小巷

自然地眨动,紧接着,他的右脸肌肉也开始不受控制地抽搐。我被这突如其来的状况吓坏了,待在原地不知所措。父亲努力抬起手,似乎是想安慰我。我永远都记得那一刻心里的无助。

夕阳的余晖洒在新马路的樟树叶上。厨房里,母亲把饭菜分装在几个小碗中,端到父亲的卧室。父亲躺在床上,面色苍白。母亲用饭勺喂他吃饭,"你爸中风了,腿本来就有旧伤,上个月在白沙菜市场又跌了一跤,腿摔骨折,当场晕了过去,嘴里不停地说胡话。幸好附近的老街坊热心,几个人赶忙把你爸背到旁边的医院,才捡回一条命……"

我站在门口,无法理解为什么全家都瞒着我这件事,心中顿时涌起一股难以言喻的情绪。"那你们为什么,不告诉我呢?"我声音有些颤抖地问,仿佛妹妹才是他们的亲女儿,而我只是一个外人。母亲放下手中的碗,拿起卫生纸,轻轻地为我擦拭着哭红的眼眶,"你爸说没事,不要影响你在上海念书。"

那个瞬间,我愣在原地,有很多的问题都哽在了喉咙,眼泪夹杂着愧疚不安与委屈,止不住地滚落出来。那一刻,我觉得自己特别没用,"这不还有我吗,每天伺候你爸,做饭的花样和味道比不上他,但也饿不着他。"母亲笑着拍拍我的肩膀,催促着我下楼去吃饭。

炎热的夏日毕业季后,我还是决定留在上海工作,后来妹妹也去了杭州念大学,而母亲独自一人照顾了父亲近 10 年。有一年的国庆假期,我在厨房帮忙洗菜,不经意间瞥见了母亲头上多了的白发和脸上生出的皱纹,突然有些心疼。

新马路上的建筑不停拆迁、重建。每一次回家,都能感受到它的变迁,也总能听到某个老街坊离世、老邻居家拆迁搬走的消息。然而,在这些变化中,也有值得欣慰的事情。母亲的厨艺在这10年间精进了许多,雪菜炒年糕、梭子蟹炒年糕成了她的拿手好菜,每一口都充满了家的味道。父亲的身体也在母亲的悉心照料下逐渐恢复,他现在能够略带颠簸地正常走路,这是我们全家最大的安慰。

03 / 重回新马路,在女儿出生后我懂得了父亲

2003年的春节,新马路上格外冷清,家家户户几乎都是门窗紧闭。母亲带着我和妹妹,穿梭于白沙菜市场以及周边的超市和便利店,去抢购能杀菌和预防"非典"的白醋和板蓝根。电视里,新闻播报着广东"非典"疫情进入高峰期的消息,全国人民的心都被这突如其来的疫情紧紧揪住。恐慌的情绪在人群中蔓延,每个人的脸上都写满了担忧和不安。而春节假期一过,我不得不返回上海继续工作。临行前,我紧紧握着母亲的手,千叮咛万嘱咐,无论家里发生任何事情,都要第一时间通知我。4月22日,余姚出现1名"非典"疑似病人,随后奉化、江东区接连出现发热症状的病人。五一假期前夜,我在上海郊外的出租房里,接到家里座机打来的电话。电话那头,母亲的声音带着明显的焦虑和不安:"女儿啊,你老爸发烧了,清鼻涕流不停,咳嗽得很厉害。"我心头一紧,失魂落魄地挂掉电话,整夜未眠。

次日清晨,天刚蒙蒙亮,我便火急火燎地赶回宁波。父亲已被

新马路上

新马路上的树

紧急送往宁波市第一医院进行监测治疗。那几日,我的心如同悬在半空中,害怕手机铃声响起,害怕收到任何不明的短信,从未如此害怕会失去父亲。幸运的是,经过医生的仔细检查和治疗,父亲最终被确诊为春季流感引起的感冒发烧。照顾父亲到他出院,我已经决定要留在宁波,陪伴大病初愈的父亲和身心俱疲的母亲。

2005年夏天,我终于和爱人结婚啦!那天,新马路两旁停满了迎亲的车子,街坊邻居纷纷涌来,热闹非凡,他们堵在门口,给新郎出各种"难题"。在大家的祝福声中,我们给父母敬茶、拜礼,每一个环节都充满了温馨和喜悦。转眼到了元旦,我和母亲在大厅正包着饺子,准备迎接新年的到来。突然,腹部传来阵阵痉挛,袜子也湿了,我低头一看,发现羊水提前破了,最终女儿也出生在新马路的家里。

我和父亲的关系真正缓和,是在女儿出生后。她从小和我一样活泼好动,总是喜欢和邻居的孩子们一起到处撒野,尤其爱跑到那一片老洋房的小巷子里捉迷藏。在一个傍晚,新马路的街灯逐渐亮起,我站在家门口,焦急地等待着女儿的归来。那几年,电视上播报了很多则拐卖儿童的新闻,而邻居的孩子们又都说没见过她,我的心立刻沉了下去,挨家挨户去寻找。一个多小时后,终于接到母亲的电话说她回家了。那个当下,真想严厉地教训她一顿,让她长记性,但奇怪的是,我脑海中却闪现出那个台风天父亲那力气并不大的一巴掌。那时的我,只觉得委屈和愤怒,但现在,我突然明白了父亲的担心和自责,原来他那时并不讨厌我。

04 / 推开门,一地的月光,父亲朝黑暗中走去了

"阿公,甫我铜钿去买闲食。"女儿总偷偷地找外公要零用钱,每次父亲都笑得合不拢嘴,牵着她的小手,慢慢悠悠地走到隔壁杂货店给她买雪糕、虾条。日子在平淡与温馨中飞驰而过,转眼间,女儿已经上小学一年级了。曾经的老邻居们陆续搬走,街角变得冷清了许多,父亲还是喜欢下象棋,午后常常独自一人沉浸在棋局中,有时会和丈夫切磋几盘。

2013年,初春,寒潮还未褪去,父亲不慎着凉又发烧了。在把父亲送到医院输液后,我怕流感传染给体质弱的母亲,就把她送去妹妹家暂住几天。父亲因为之前中过风,这次病倒后更是虚弱。在医院的病床上,他静静地躺了两天。到了第三天,父亲突然就精神奕奕地要回家,还念叨着想吃苔菜炒年糕。那天,我先送女儿去学校,

然后匆匆赶往医院接父亲,回到家后简单地做了几道清淡的菜。晚饭过后,我小心翼翼地扶着父亲去洗漱,而后去二楼监督女儿写作业。恍惚中,听到楼下父亲的声音,他叫了我一声,好像说了两句话。

给女儿讲完那道难题后,我就下楼去大厅接温水,准备叫父亲吃药。然而,当我推开父亲的房门,看到一地的月光,父亲静静地躺在椅子上,头低垂着,毫无反应。那个寒冷的初春夜,我的父亲永远离开了我,死于脑出血。我清楚地记得,接过死亡通知书的那一刻,我看见父亲静静地躺在抢救室里,面容平静,仿佛只是沉睡。母亲和妹妹在旁边泣不成声,她们的哭声如同重锤,一次次击打着我的心。我不敢直视她们,是我让母亲没能见到父亲最后一面,我没有做父亲念叨的苔菜炒年糕,甚至没有听见父亲最后的遗言。

按照母亲的吩咐,我们连夜将父亲接回了新马路,带他回家,好让他的灵魂有个归处。第二天清晨,我们将父亲送往殡仪馆。几天后,隔着铁窗,我目送父亲的遗体被缓缓送入焚烧炉。那一个瞬间,我清楚地意识到,这是和父亲真正意义上的告别,是我们生平最后的一面,眼泪如同台风天的暴雨,不停地往下砸,从此我与父亲,天人相隔。

05 / 拥有的都是侥幸,失去的才是人生

初春,风吹落樟树的绿叶,街角的花也冒出了花蕊,而我对周围的一切,都失去了感觉。晚饭后,城市亮起万家灯火,我独自在新马路上

来回散步,与父亲的往事不停在回忆里堆叠。回到家后,我径直走向二楼的小隔间,房间塞满了父亲制作的手工艺品,还有他钟爱的象棋棋盘。站在那熟悉的空间里,几乎脱口而出一声"爸"!女儿多想再当面叫你一声爸啊,就像刚学会说话,你抱起我的时候那一声"爸爸"。

时间又过了几年。一个温暖的秋日傍晚,夕阳的余晖洒在客厅里,母亲、妹妹和我围坐在餐桌旁,手中忙碌地包着饺子。搬走几年的老邻居回来办理公务,我们把她留下吃晚饭。在闲聊起小时候的糗事时,她记得有个台风天,父亲冒雨送我去学校后,在回家的路上不慎踩到路边的苔藓,重重地摔在积水中,溅了周围人一身的泥水。母亲轻声地说,我去念大学报到那天,父亲把我送到火车站,装作轻松地挥手,目送我去往陌生的城市,转身时他却在偷偷地抹眼泪,感叹女儿长大了,留不住了,以后就他和母亲在家。这一刻,我终于理解了父亲沉默而隐秘的关爱。

寂静的深夜,房间里的录音机缓缓传来邓丽君的歌声,"如果没有遇见你,我将会是在哪里,日子过得怎么样,人生是否要珍惜……"我独自一人坐在没开灯的小隔间,听着父亲在世时爱听的歌曲,窗外的新马路被月光笼罩。

原来父亲对我的爱,就藏在新马路。

(本文根据新马路老街坊秀云口述整理)

作者◎柏力中

生于 1998 年,重庆人,现居宁波,摄影师

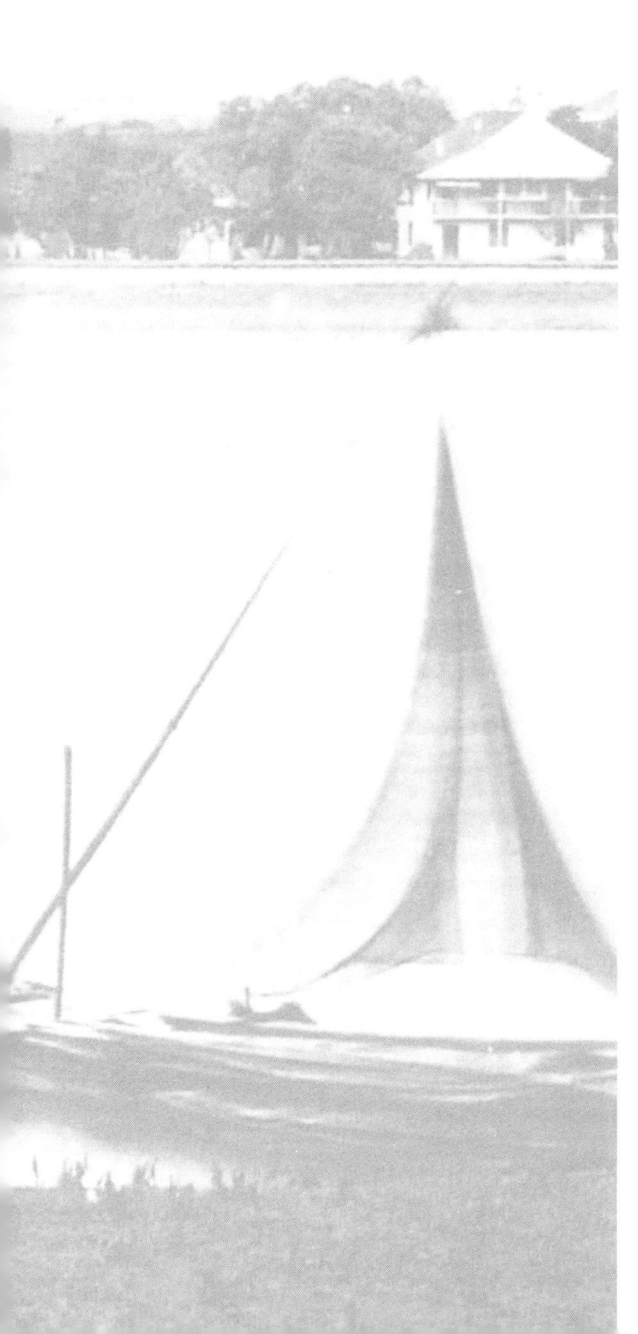

每个人心里都有一条新马路

新马路上

我生活在宁波江北,离我家不远处有一条路叫作"新马路"。妈妈告诉我,这条路有100多岁了,是宁波第一条水泥路。在我的印象中,这条路很古老,因为在它两旁都是很旧的老房子。阳光穿过树叶照射在老房子的墙上,好像老人家脸上的皱纹。这条路又很新潮,一座座老房子不仅被改造成各种艺术空间,还装下了一家时尚的咖啡馆。那儿还有一所小学,小朋友们的欢声笑语让这条路朝气蓬勃。我喜欢这条奇妙的新马路,因为它既古老又新潮!

——江北区实验小学207班　曾若朴

我是1996年来到宁波,最早在大庆南路、人民路开理发店,现在搬到了生宝路,都在新马路附近,因为店里生意忙,我很少去新马路,但那边的居民经常来我店里理发,他们会讲一些老宅的传闻,像民国时期有大人物在这边住过之类的。有几个居民好几十年都在我这理发,他们现在都搬走了,但也会打电话给我问我忙不忙,想要过来理发。

——老街坊　朱爱爱

我小时候在慈溪的龙山中学念书,有一次学校组织春游,徒步到新马路上的宁波四中参观。早上六七点,每个人背着行军水壶,口袋里装着压缩饼干,还有家里蒸的一些糕点就出发了,从乡下走来,一路上都是石子路,不好走,鞋子里掉进了很多泥沙,走到城区,开始有了水泥路。新马路也很新,我印象很深的是宁波四中对面的油菜花开得很高,那时候刚好是傍晚,夕阳照下来,景色很美。宁波四中的大门也很特别,拱券形,有六根很粗大的石柱,说是仿照西式的风格,顶上还有一座钟楼。我们那晚就留宿宁波四中,第二天参观的时候还发现里面还有一座漂亮的小洋楼。

——老街坊　陈爱娜

以前新马路对面有一个亭子,专门做衣服的,我和店主关系很好,十七八岁的时候经常在那里帮忙钉纽扣,锁锁裤边,有时候也给自己做几件衣服。

——老街坊　徐亚妹

新马路上

以前从未仔细留意观察过广玉兰,只记得树上高挂大朵大朵的白花,直至前些年搬到新马路36弄的王宅,院子里栽有两棵高耸的百年古树广玉兰,从那一天起我就在想象它花开满园,沁香扑鼻的模样……一整年都在期待着花开,看着它常年长绿,看着它飞鸟筑巢,看着它含苞欲放,看着它雨后放晴,突然某一天,在粗大的枝丫间绽开了笑靥洁白的花,如同少女般的羞涩,半卷着湘帘半掩着门,从绿叶中探出了半边身,初夏的风微微吹过,馥郁的清香扑面而来,沐浴在芳香四溢的气息中,我突然涌上一份莫名的感动。

—— 新住户　王微波

新马路的第四幼儿园让我记忆犹新,隔壁有老宁波人皆知的"五层楼",四幼对面是部队礼堂,附近有新马路小学、江北中心小学……幼儿园美丽的殷老师、袁老师、大小陈老师还有管生活的"嬷嬷",她们都那么和蔼可亲。虽然自己也快到奔七的年龄了,但那时新马路的情景以及在四幼生活的画面至今还印刻在脑海里……新马路历史文化街区的改造,留住了老宁波曾经的历史,实乃市民之幸事!

—— 网友 "刘亚伟"

从小在新马路长大,放学了总会去江北中心门口买油炸小吃,这里有太多小时候的回忆了,以前总记得绿皮 1 路车从家门口开过,过节的时候轮船码头那会放烟花,天热的晚上会跟着老爸骑上自行车去路口乘凉,回家的时候星星总是很亮。

—— 网友 "给你吃生货"

沿着老外滩,向西北而行,你就会遇见她 —— 新马路。她就是一个丁香花一般的姑娘,穿着精致的旗袍,戴着西式的礼帽,处处都有中西交融的痕迹,一颦一笑,都是城市记忆的定帧。

—— 网友 "一骑绝尘"

我在新马路小学读的学前班,记忆里小弄堂七弯八绕,总觉得和三院很近,附近有大饼油条豆腐脑店,很热闹。进了校门,正对着操场有一根旗杆,西边一排平房是教室,东边是一个大礼堂。不知道记忆有没有偏差。

—— 网友 "清茶"

新马路上

从新马路的一头走到另一头,仿佛也走过了我的整个童年和青春。如今,那些小伙伴都已各奔东西,但新马路上的每一块石板、每一棵树都还记得我们的故事。

—— 网友 "谁不重要"

新马路上住了十几年,在这里长大,在这里出嫁。

—— 网友 "念无"

新马路上的宁波四中,是我母亲教一辈子书的地方,如今钟楼依旧。

—— 网友 "寒晓"

当时,穿着校服的我几乎每天都要穿梭在泗洲街和"五层楼"后面的"新马路小学"之间,经过那热闹的"白沙菜场",听阿姨们讨价还价,路上还飘着卤味的香。

—— 网友 "Grace"

我很喜欢拍新马路绿荫下的人来人往。看阳光透过树叶间隙落在地上，车影、蝉鸣，还有温柔的风，那是独属于城市老街的浪漫和烟火气……这里的每个角落都有故事，每条巷子都有腔调，透过镜头记录这里的四季轮转，似乎可以触摸到历史的旧去与新来……

—— 网友 "木棉花"

　　不能忘怀，再见是我无奈的表白，只留下我无限的眷恋。这是我生活几十年的街坊，屋里曾经摆放我躺过的摇篮。许多大伯大妈爷爷奶奶，见证我的成长，我挂上了红领巾，他们夸我——该小姑娘真乖；我有了孩了，他们和我一起分享做妈妈的喜悦。邻居的姐妹们都是我童年的玩伴，一起上学、一起聊天，橡皮筋、毽子、过家家，年糕、冻米胖、米鸭蛋，春天的花、夏天的蝉、秋天的桂、冬天的雪，点点滴滴，清清晰晰，这是我不能忘记的乡愁。

—— 网友 "李秀妹"

1844年宁波正式开埠,江北岸便发展成为英、法、美等国侨民居留区域,而连接西草马路和人民路的新马路,相距不远,于是不少商户、侨民和机构选择在此购置房产,时过境迁,留下了不少传统建筑老宅。行走在新马路,随处可见中西合璧的风格,比如西式磨石子石库门、小青瓦硬山式屋面、近代西式三角形木屋架、混水墙外墙、清水砖墙山墙等等,混搭出了宁波的历史……

——网友 "几时休"

我出生在20世纪90年代,从记事开始就生活在新马路这一块,从泗洲路小学到三江中学,这里承载我太多的回忆,虽然已经离开那个陪伴我半个人生的地方,但是内心深处总有这样一条马路,藏着童年的英雄卡和青春里的情书。

——网友 "Z"

儿时去宁波,在这个路口的街机厅玩过,我记得还有一个小卖部,卖的很多玩具让我走不动路。

——网友 "一位禅师"

老建筑迎来送往,承载着好几代人的故事。虽然很多事物已经在时间的流转中消逝,但正如歌里唱的那样:"门前老树长新芽,院里枯木又开花。"这些珍贵的存在,像是打开记忆大门的钥匙,每每看到它们,就像是回到了过去。

—— 网友 "开心麻花"

一起来走一走宁波的新马路吧,那些依然矗立的古建筑群,是新马路骤然停驻的往昔,每一幢老房子背后,都有一段深埋于岁月尘埃的故事,来不及细数,繁华千种,岁月流年,新马路藏着宁波的城市记忆,以及市井烟火。

—— 网友 "木叶致美"

那时候最惦记后马食品商场里用玻璃罐装的散装巧克力,白的黑的,有事没事攥上爸妈衣角,称上几块,"缺牙龙"的最爱啊;一放学跑到轮船码头广场,最热销的还是煤球炉上冒着热气的茶叶蛋,买上一个那是吃得滋滋有味……老师说造原子弹的不如卖茶叶蛋的,当时真觉得一点不假。哈哈……

—— 网友 "小铭"

新马路上

小时候外婆家就是在新马路上的一幢小洋楼里,现在想来回忆满满,好怀念小时候在新马路边上的弄堂里到处穿梭,还可以不时去好多小伙伴的家。

—— 网友 "Melody"

生在新马路,长在新马路,已是古稀之年的我,对新马路有太多的回忆和情感,一晃搬离新马路已经六七年了,每次路过总是感慨万千,这条路就像我人生路上的一个驿站,每每回望,她总在那里。

—— 网友 "可音"

我的阿太以前就住在这一带,我小时候在少年宫上完学,就会去看她一下,她总是在门口摸着肚子晒太阳。犹记得一个窄窄的小门进去后是厨房,穿过厨房是一个小院子,院子里有一棵无花果树,还有一棵椿芽树,穿过这个院子再过一个走廊,就是阿太的卧室。后来,阿太在拆迁之前走了,就在卧室的床上睡着走的。

—— 网友 "伪装成兔子的土猪"

小时候都爱瞧热闹。记得六年级刚刚开学不久,新马路上比较有名气的"五层楼"着火了,其实那时已经只有四层楼了,因为之前还有一场大火把顶层的小亭子烧没了,这一次烧毁的是四楼的天花板,"五层楼"就这样变成三层楼。大火扑灭后,过了一段时日,我和同学跑上去看过,第四层的楼房,就剩下四面墙,被火烧得黢黑,地上还散落着从各处飘来的梧桐枯叶,给这断壁残垣添了几分萧瑟。1990年,我搬离新马路,没几年后听别人说起"五层楼"已经被拆除。我对"五层楼"的印象,并没有随着建筑的消失而消散,大概是因为曾经跑上去见过满目疮痍,闻到过那特殊的烧焦气味。

—— 网友 "光合作用"

　　1989年,新马路拆迁改造,大家暂时散了;1990年底,大家又搬回来,住进了同一个小区,虽然分住在不同的楼里,但亲得像一家人。以前,一到午后,大家基本都在房内睡午觉。要是天空下点小雨,就会有住户到阳台上大喊"下雨嘞",然后家家户户都出来收衣服。所以每天睡觉、晒衣服……做什么都很安心。

—— 网友 "萍萍"

新马路上

我的新马路,有一个嘈杂的轮船码头。每天叫醒我的不是闹钟,不是妈妈的呼唤,而是轮船的汽笛声。

—— 网友 "Rubby"

作家冯骥才说:"城市和人一样,也有记忆,因为它有完整的生命历史。"城市最大的物质性遗产是一座座建筑,还有成片的历史街区、遗址、老街、老字号等等。幸好,宁波还有这样一条新马路,将斑驳的历史镌刻。

—— 网友 "枯木逢春"

新马路,私藏了宁波这座城市太多的独家记忆。石库门里几度春秋,好像有说不完的故事和过去的时光。如今,它在周边现代建筑的衬托下也开始显得平淡,但那种历经百年后散发出来的老味道,却是无可替代的。

—— 网友 "一诺千金"

20世纪90年代初,人民路沿线光小学就有白沙路小学(现港务监督),泗洲路小学(现江北老年大学),新马路小学(现白沙街道拆迁办公室),江北区中心小学(三院后面,没变过),中马路小学(现同方杰座),人民路小学(现大时代大楼)。大型工厂从北往南有化肥厂、锅炉厂、水泥厂,还有火车北站。东草马路和新马路口各有一个环岛,新马路口有公交月票办理点,3元一个月的月票陪我度过了7年,直到初二开始骑自行车。1路车经常偷懒不去孔浦,半路回南站了。那时候白沙公园边上还有个挺高级的国营饭店白沙饭店,他家的汤包很好吃哟!

—— 网友 "BON"

熟悉宁波三江口的朋友,应该对江北老外滩的西洋建筑并不陌生,自晚清宁波开埠后,这些带有西方建筑特色、与江南民居截然不同的建筑随之兴建,新马路,客观上讲,也是建筑风格西风东渐的一处开端。

—— 网友 "不審斋"

新马路上

我有一年去宁波旅游,偶然走进新马路,入眼就是飞扬的绿荫,成片的老宅坐落两侧,漫步其中,仿佛和尘世隔了时空。

—— 网友 "雨菲"

1996年,我在新马礼堂跳了第一支舞。记得那时甬江大桥下有个很大的羊毛衫市场,红极一时啊!

—— 网友 "噜啦啦啦啦啦"

宁波新马路在江北岸,过去从海曙区到江北岸要过浮桥才能到达,而浮桥是用一块块木板穿起来的,空隙很大,小小的人走过去,总是胆战心惊的。

—— 网友 "向日葵"

转眼间我已经离开新马路多年。虽然新马路也在不断变化,但每次回到这里,我依然觉得它很亲切,就像一位老朋友,静静地守候着,等待每一个归来的游子。

—— 网友 "阿良"

梦里我常回新马路,只记得"四幼"里面有个天井,地上刻着个丹顶鹤,新马路小学里有个大殿,下雨天我们在大殿里面上体育课。

—— 网友 "沧海"

我以前就读过第四幼儿园、新马路小学,有同学住在五层楼,那时候五楼已经烧了,只剩四层了,当时人还小,进去感觉阴森森的,有些怕人。如今想来却是回忆里最有趣的存在。

—— 网友 "独叶草"

20世纪90年代浙江省外运空运部就在此地,本人有幸在这里待了好多年,可以说新马路见证了我的青春年华。

—— 网友 "Jane"

我家住在显德庙(新马路小学)后面,我上新马路小学时,学校大礼堂是庙的大殿,部分教室还是庙的厢房。虽过去65年了,但儿时的记忆还历历在目。

—— 网友 "天地人禾"

新马路上的故事,未完待续……

图书在版编目（CIP）数据

新马路上 / 龚晶晶主编. -- 宁波：宁波出版社，2024.12. -- ISBN 978-7-5526-5522-3

Ⅰ．K295.53

中国国家版本馆 CIP 数据核字第 20243MY671 号

新马路上
XIN MALU SHANG

龚晶晶　主编

责任编辑	朱璐艳
责任校对	谢路漫
出版发行	宁波出版社
地址邮编	宁波市甬江大道 1 号宁波书城 8 号楼 6 楼　315040
装帧设计	金字斋
印　　刷	宁波白云印刷有限公司
开　　本	889 毫米 ×1194 毫米　1/32
印　　张	7.25
字　　数	156 千
版　　次	2024 年 12 月第 1 版
印　　次	2024 年 12 月第 1 次印刷
标准书号	ISBN 978-7-5526-5522-3
定　　价	75.00 元

如发现缺页或倒装，影响阅读，请与出版社或印刷厂联系调换
电话：0574-87248279（出版社）
　　　0574-87328764（印刷厂）